JN409228

강태호 시집2

미소 짓는 흉상胸像

The Smiling Sculpture Bust

강태호 시집2

미소 짓는 흉상胸像

The Smiling Sculpture Bust

해곡 **강 태 호**

월간 조선문학 등단 (2013.10)
건국대학교 법학과 졸 (법학사)
건국대학교 행정대학원 졸 (행정학 석사)
De La Salle-Araneta Univ PH.D. (Manilla.행정학 박사)
서울시 행정직 공무원(동대문구청 · 용산구청)
서울시 교육공무원(전농중, 영등포고 · 태릉고 · 경기고
(주임 교사)
선문대 · 한양대 · 삼육대 · 삼육 간호대 외래교수 역임
한국현대시인협회, 서울중랑문인협회
한국힐링문학회, 국제PEN문학회 회원
강태호 제1시집「봄바람」출간 (2019.5.)
강태호 제2시집「미소짓는 흉상」출간(2023.3.)

| 책머리에 |

첫 번째 시집 강태호 시집 「봄바람」에 이어 두 번째 시집 「미소짓는 흉상胸像」을 내놓게 되었다.

詩란 결국 인간이 幸福하기 위하여 인간의 理想과 浪漫의 세계를 文章으로 韻律적으로 아름답게 創作하는 것이다.
詩란 시인들만의 것이 아니다, 시인들만의 것이 아니어야 한다, 시인들만의 것이 되어서도 안 된다.

시란 우리 인간 모두의 것이 되어야 하고, 우리 인간 모두의 사랑을 받아야 하고,
시를 통해서 우리 인간 모두의 감정과 정서가 풍부해지며 또한 순화되어야 하고,
우리 인간이 아름다워져야 하고, 결국은 우리 인간이 행복해져야 한다.
우리 인간이 행복해지는 데는 반드시 시의 세계만은 아닐 것이다.

시의 세계는 현실보다는 더 아름답고 현실을 초월한 이상과 낭만의 세계!
우리는 인간이기에 현실을 인식할 수 있고 이상과 낭만의 세계를 상상하고 꿈을 꿀 수 있는 존재이다.

시의 정체正體 Identity는 예술藝術이다. 예술이란 美의 創造를 목적으로 하는 인간의 活動이다.

예술에는 음악, 미술, 문학 등이 있다. 문학에는 시, 수필, 소설, 戱曲 등이 있다.
시는 그중에 하나인 예술인 것이다. 각종 체육 경기활동도 예술이다.

시의 本質은 인간이 未來성과 希望성으로 인간의 이상과 낭만의 세계를 글로써 아름답게 그려내는 미를 창작하는 예술Art이다.

현재와 현실을 그리고 과거를 미화하고 이상과 낭만적으로 그려내고 驅使하는 것도 좋지만 거기에는 미래성과 희망성이 있어야 한다.
현실이나 과거 그리고 현재의 사물을 悲觀적이고 感傷적인 시, 否定적이고 批判적인 시 등, 시의 본질을 외면하는 시가 되어서는 안 될 것이다.

그래서 未來指向적이고 希望的으로 創作해야 하는 것이다.
그래서 시는 미래성과 희망성으로 아름답게 창작해야 하는 것이다.
그래야 시는 인간을 행복하게 할 수 있는 것이다.
그러기에 우리는 시를 사랑하며 시의 세계에서 살 수 있고 시를 창작하고 시를 感想하고 살 수 있는 인간존재가 되어야 하는 것이다.

또한, 시를 창작하는 것은 美를 창작하는 것이므로 미의 세계를 그릴 때는 아름답게 창작해야 하므로 먼저 詩語부터 취사선택하여 시를 창작해야 한다.

첫째, 아름다운 시어를 사용해야 한다.
그래야 전체적인 시를 놓고 볼 때 아름답게 보일 수 있고 아름다운 것이다.
자기의 시의 세계가 아름다워도 시어를 아름다운 시어를 사용하지 않으면 아름다울 수가 없는 것이다.

둘째, 가능하면 긍정적인 시어로 문장을 긍정적으로 아름답게 써야 한다.

우리가 세상을 보고 사물을 보고 사안을 보면 긍정적인 면과 부정적인 면이 있게 마련이다.

그중에서 긍정적인 면을 선택해서 가능하면 긍정적이고 미화하여 아름답게 써야 한다.

시를 창작하고 시의 세계를 그려가다 보면 부정적인 면도 불가피하게 그려야 할 때가 있을 것이다. 부정적으로 그려야 할 필요가 있을 때는 부정적인 표현을 우회적으로 표현하는 것이 좋을 것이다

그래도 결론적으로는 긍정적으로 그려야 그 시가 아름답게 창작되는 것이다.

셋째, 卑語나 俗語는 삼가하는 것이 좋다.

그 시의 내용이나 그 시의 세계가 아무리 좋고 이상적이라고 해도 그 詩語를 부정적이고 비어나 속어로 표현되어 있다면 결코 그 시나 그 시의 세계는 아름다울 수가 없다. 반어법으로 표현할 경우도 그렇다.

라디오나 TV 등 방송용어도 비 · 속어는 쓰지 않는 것으로 알고 있다.

저명한 시인들도 종종 속어나 비어 또는 욕설까지 동원하여 표현된 시를 볼 때면 결코 아름답고 좋은 시가 될 수 없는 것이다.

일반인의 언어도 비어나 속어를 사용하면 그분의 품성이나 품격, 인품이나 인격의 단면이 나타나기 때문이다.

본 시집 저자인 본인도 이렇게 창작하려고 노력하고 있는 중이다.

넷째, 가능하면 표준어를 써야 한다.

우리나라는 단일민족 한민족이라고 우리 국민 스스로가 주장하고 자부하고 있다.

필자 자신도 이에 대한 자부심과 자긍심도 가지고 있다.

그러나 언어는 각 지방마다 색다른 언어를 사용하기 때문에 지방민마다 정서와 서정도 차이가 있다는 것을 부인할 수 없을 것이다.

한반도 한민족인데도 국토와 민족은 남북으로 분단되고 있는 현실과 상황에 남한의 대한민국의 언어는 몇 개의 지방 언어가 존재한다는 것은 너무 자명한 일이다

때문에 정서와 서정도 조금씩 다를 수밖에 없는 현실이다.

정서와 서정과 감정의 통일이 절실히 요구되고 필요한 현실이다.

그래서 이를 위해서는 언어의 통일이 절대적으로 필요한 것이다.

다음 시집에서는 시를 창작해 나갈 때 서술법에서 직유법과 비유법에 대해서 언급해 보고자 한다.

목 차

1부 미소 짓는 흉상

2부 운현궁 돌담길

3부 프리즘의 미학

4부 비 내리는 인사동 거리

5부 씩스 나인 사랑과 인류평화

1부 미소 짓는 흉상

대한민국은 OECD 회원국 · 개발도상국에서
선진국으로 도약 · 발전한 국가,
세계에서 유일한 국가 대한민국
세계 선진국의 국민으로서,
고학력과 지식층의 국민,
사회지도층 인사 등 지성인들은
더 지성적이고 더 진솔하고 더 정직하고
더 인간적이며 순수하기를 기대하며…

미소 짓는 흉상胸像
The Smiling Sculpture Bust

바다와 같은 온 세상에
떠 있는 흉상

물속에 잠긴 육신은
이리저리 둘러보면 대충 알 수 있으나

물 위에 드러나 있는
흉상의 머릿속과 가슴속 그리고 얼굴은

이리저리 둘러보고 살펴보고
곰곰이 생각하고 상상해도 알 수 없어 헤매는데

얼굴은 회심의 미소 짓는
신비스러운 인간의 흉상胸像

그토록 알고 싶은 당신의 진실은
알 수 없는 사람의 속내

다중적多重的 · 다면적多面的 은유성隱喩性의 현대인,
인간 내면의 심오深奥한 심미성深美性의 한계는

* 深奥한 深美性: 인간의 天性에 내재한 眞 · 善 · 美의 무한성
* 위 시는 현대시인협회지 2021의 상반기 · 하반기 2회에 게재된 시

사람 사는 인간사회
그렇고 그런 것을

아노미Anomie 현상과 향수鄕愁의 수구초심首丘初心

'96.10. 행정학 박사취득 후 첫 강의나갔던 '98.3. 아산의 S 대학 정년퇴직 후 초빙 강의 나오시던 미국 시민권자 Y 교수님을 알게 되었다
'99.10. Y 교수님은 미국으로 아주 가신다고 점심 초대받았다
해방 후 북에서 내려와 친척 모두가 미국에 살고 한국엔 아무도 없어
이젠 조상들의 유해遺骸까지 모두 미국으로 옮겨 간단다
은유법이 적고 투명하고 선명한 의식구조意識構造의 미국이란다
TV나 영화를 봐도 미국의 화면은 맑고 밝고 화사華奢하듯이

1991. 공직을 사직하고 국립 K 대학교수로 간 대학 선배 C 교수님
2001. 이 분도 교수직을 사직하고 미국 이민 가서 市民權자 되었다
두 동생과 2남 1녀의 자녀 모두 미국에서 살고 있었다

세월은 흘러 강산이 두 번이나 변할 정도였다
2018. 선배 C 교수님은 30대 중반에
고인이 된 딸의 유해를 안고 돌아왔었다
2020.11. C 교수님 서울에서 만났는데 다시 한국으로 돌아온단다

미국인 대부분 그들의 의식구조는 오직 돈과 Sex란다
人情性과 抒情性은 보기 어렵고 오직 돈과 性的 快樂이란다
哲學性 不在 현상인가, 그것이 그들의 哲學인가

전 세계가 사회체제, 국가체제, 종교를 초월해
물질 만능 · 물신주의 되어 개탄한 지 이미 오래다

사람 사는 인간사회 다 그렇고 그런 것을,
숨 가쁜 현대사회, 무공해 청정지역 청정영역 어디 있으랴 마는
그래도, 인간의 人間性과 浪漫性은 回復되어야 한다

인간이기에 낭만과 이상의 세계는 있다
인간이 정서적으로 풍요롭고 행복하려면
낭만과 이상의 세계인 시의 세계도 있어야 한다

'John Dewy의 Pragmatism 實用主義 思想'
'모든 진리는 실제적 효과를 갖지 않으면 안 된다
All Truth must have Practical Effects.' 의 오해일까
돈은 비료와 같아서, 뿌리지 않으면 쓸모없다는 것(Francis Bacon)

하기야 국내 S 재벌그룹 L 회장이
어느 TV와 인터뷰에서 기자의 돈에 대한 질문에
'父母 兄弟보다 돈을 먼저 생각하라' 는 답변을
視聽한 적이 있으니 여기에 무슨 말을 더하랴!

인간의 성적 행위란 존엄한 생명이 창조되는 것

남성의 행위는 생명을 창조하는 용솟음의 형상
여성의 자궁은 생명이 창조되는 성스럽고 신비로운 궁전
남녀의 사랑을 확인하는 황홀한 환희의 사랑의 춤

'Thomas Stearns Eliot' 이라는 시인
1888. 미국 세인트루이스 출생, 1927. 영국에 歸化
영국 國敎로 改宗하는 사연을 이해하는 데 도움이 될까
1965. 영국에서 사망

어느 시대 · 지역 · 국가에도 나타날 수 있는
Anomie 현상인가, 鄕愁의 首丘初心 현상인가.
그들이 가장 현실적이고 이상적일까
인간과 동물의 Sex는 같을 수 있을까
신의 세계에도 돈과 Sex는 존재하는가

* 아노미anomie : ①(社)행위를 규제하는 공통의 가치나 도덕 기준을 잃은 혼돈 상태
②(心)불안 · 자기 상실감 · 무력감 등에서 볼 수 있는 적응하지 못하는 현상
* 수구초심首丘初心: 여우가 죽을 때 머리를 자기가 살던 굴 쪽으로 둔다는 뜻으로, 고향을 그리워하는 마음을 일컫는 말
* Francis Bacon(1561-1626) : 영국의 수필가 · 정치가 · 경험주의철학자
* John Dewy(Pragmatism)의 영향받은 '등소평(黑猫白猫論)' 의 개혁 · 개방의 의미

동백꽃 미학
The Esthetics of Camellia

'순결하고 비밀스럽고 진실한 사랑으로 기다림' 의 꽃말 동백꽃

계절에도 세월에도 추위에도 한결같이
高潔하고 優雅하고 淸雅한 청록의 품위를 유지하며
대부분의 꽃은 봄에 피는데 너는 유별히 겨울에 피는 꽃
애타는 비밀스러운 사랑으로 기다림의 꽃

너의 빨간 꽃잎은 정의와 정열적인 사랑과 정조
그 속의 노란 꽃술은 진솔한 사랑만 받아 맞이하는
高次元의 특수한 사랑

그래서 꿀벌과 인간의 후각을 유혹하는 꽃의 향기는 없어도
'동박새' 와 '직박구리' 에게만 꿀을 주어
열매 맺는 조매화鳥媒花의 꽃
너의 색다른 사랑의 志操와 貞節의 꽃

針葉도 아닌 闊葉으로 酷寒과 暴雪에도 인내하여 青綠의 貞操로
사랑을 기다리는 너 冬栢나무 동백꽃
너는 애타는 사랑의 기다림도 색다른 기다림의 꽃

너 동백꽃은 俗世의 世人들에게도 특이한 사랑과 認定을 받고
사랑의 순결함과 고결함의 귀감이 되는 동백꽃

너의 靈的 사랑의 香氣는
드높은 하늘까지 세월의 전설로 晴明하고
高潔한 향기로 피어나는 꽃 너 동백꽃

목에는 힘이 들어가고 입에서는 큰소리 나오는 뭣이 있어야지

서울의 공립 중 · 고교 교직에 거의 20년을 교사와 주임 교사로 봉직했다

불혹不惑의 나이 후반에 뭣 좀 해보겠다고
행정학 박사학위를 취득하고 우선 교수가 되겠다고
여기저기 몇 군데 돌아다니며 몇 년간 외래교수 생활

동시에 뭣 좀 돼 보겠다고 정당에 가입해 활동하였다
거기나 여기나 뭣이 없이는 꼼짝도 할 수 없는 곳들
자본주의 국가나 사회주의 국가, 어느 국가체제에도 마찬가지

지인들의 사소한 모임에도 마찬가지
뭣이 좀 있는 자의 목소리는 크고 굵고
그렇지 못한 자는 겉으로 수긍하고 따르는 척하고

그러나 따르는 자의 마음까지도 그럴까?
사람이 뭣이 좀 있으면 목에는 힘이 들어가고
입에서는 큰 소리가 나오는 법

마지막 날까지 뭣에 혈안되어 몸부림치는 중생衆生들의 모습
사실 거기나 여기뿐이겠는가
노년老年의 사랑에도 예외는 아닐 것.
의 · 식 · 주 해결하고 예술 생활 즐기면 되지!

사람 사는 인간사회 다 그렇고 그런 것을
이런 것까지 언급하는 것이 잔소리
이런 것을 시 창작에 쓰는 것도 우스운 것
인간의 순수한 사랑도 이제는 시의 세계 이상과 낭만의 세계

인구학人口學의 미학美學

근대 농업 중심의 경제사회에서는
다산多産은 자손의 번창繁昌이요
다산은 노동력勞動力의 증가니
가문의 번창과 부富의 근원이었다

국토는 한정된 우리나라 인구정책….
제3 · 4공화국, '아들딸 구별 말고 둘만 낳아 잘 기르자'
제5공화국, '하나씩만 낳아도 삼천리는 초만원'

2022년 세계인구 80억,
중국 인구 15억,
인도 인구 14억,
머지않아 지구도 포화상태

2022년 남한 인구 5천2백만, 인구밀도 세계 3위
셋 이상 다자녀 가족에 국가의 지원정책,
인구수가 국력인가,
인구가 감소하면 부동산값 하락할까

인구가 팽창하는 우리 나라 사회 현상
치열한 경쟁 사회 인심은 각박해져
사회 갈등 발생하니

지역 갈등 · 종교 갈등 · 예술 갈등 조장되고,

남북 분단 대치하니
이념 갈등 국론분열 사회분열 조장되어
누군가는 반사이익 챙겨 들고
조직사회 내부의 치열한 경쟁 사회
왕따를 만들면서 누군가는 반사이익 챙기는 사회

이것이 어디 인구만의 문제랴!
산업화와 도시화로,
인간성과 사회성, 도덕성과 윤리성
교육문제, 철학(哲學)의 문제…
한국의 인구학과 세계의 인구학은 어디로 가는가!

행정비례行政比例의 원칙

두 개 이상의 행정 실익이 존재하여 상충相衝할 경우
행정은 어느 것을 우선으로 보호 · 실현해야 하는가

농민의 삶과 생계 · 동물 사랑과 동물 복지,
지구에 살고 있는 우리 인류의 과제

기독교의 하나님은 인간을 위하여
자연 · 우주 만물을 창조하신 후
맨 나중에 인간을 창조하셨단다

농촌에 살고 있는 농민이 삶과 생계를 위해
여름날 灼熱하는 태양 빛 속의 무더위에 농사지은 농산물
멧돼지 · 고라니 등이 무참히 피해를 입히면,
행정은 농민 보호를 우선하여 유해 동물을 과감히 구제해야

동물 사랑의 미학

立春 지나 눈 내리는 용마 폭포 공원 길
고양이가 종종 나와 어슬렁거리며 노닌다

공원 입구 안쪽 길가엔 동물 보호 단체인지 주기적으로
고양이와 야생동물들에게 지정된 장소에 먹이를 준다

공원 입구 길가에 고양이와 쥐가 서로 마주하면서 태연하게 노닌다
고양이는 야성 본능을 상실하고 쥐는 天敵을 모르는 현상
자연의 생태계가 파괴·교란되는 현상

과잉 급식으로 비대해져 뒤뚱거리는 애완견들은
주인에 끌려다니며 다이어트 운동하는 광경

산골 民家 주변 遺棄 犬들이 집단을 이루어 배회徘徊하며
사람을 공격할 위협적인 존재가 되는 현상,
과잉 동물사랑 동물보호 행정의 順機能인가 逆機能인가

語不成說의 아이러니irony한 行政과 AI 자동차 시대

도로교통법과 자동차 제조관리법 그리고 AI 자동차 시대

한국의 교통사고 세계적, 인적 물적 피해도 세계적,
주원인은 운전자의 과속과 음주운전 등 교통법규위반
교통사고의 책임을 운전자에게만 물을 것인가

안전하고 원활한 교통 확보를 목적으로 하는 도로교통법은
한국의 도로와 주행하는 차량의 종류에 따라
최저 · 최고시속을 30 · 110km로 법률로 제한하고 있다

국산 차량이나 수입 차량의 속도계는 특수 차량을 제외한
일반 차량은 대부분이 시속 130km 이상임을 볼 수 있다

이 무슨 語不成說의 아이러니irony한 행정인가

한 국가 내에서 도로의 주행 속도는 최고 시속 110Km로 제한해 놓고
자동차의 주행 속도는 111Km 이상의 차량 생산을 許可한 행정
시속 111km 이상 달릴 수 있는 차량은 한국의 도로에서는 필요 없는 것

최고 시속 110km의 고속도로에,
차종에 따른 최고 속도 주행 차량만 생산하면

과속으로 발생하는 교통사고의 인적 · 물적 피해와 손해,
과속방지를 위한 시설 예산과 과속단속 위한
인적 · 물적 예산의 劃期的 절감

문제는
시속 110km까지만 달릴 수 있는 차량 생산의 기술적 가능 여부
과속차량의 방치는
빨리빨리 한국인의 성급한 의식 구조의 역기능逆機能의 일면

AI 자동차 시대의 이상과 낭만의 세계

윤회輪廻의 미학美學

無常한 우리네 인생
前生과 今生과 來生
佛敎의 인생인가

시냇물은 강으로 바다로
衆生의 백팔번뇌百八煩惱도 시간 따라 세월 따라
바다로 하늘길로

삼라만상의 조각들도 바다에 안기는데
더 흐를 곳 없는 바닷물의 고독은
하늘로 올라 꽃구름 뭉게구름으로 피어나고

정처 없이 바람 타고 떠도는 구름은
언젠가는 비가 되어 메마른 땅 적셔주고
때로는 폭우가 되어 지구를 청소도 하고

지상의 물은 안개 되어
중생을 부드럽게 달래주기도 하며
안개는 향기로운 장미꽃을 빛내주는

감미로운 이슬도 되는
삼라만상 윤회의 미학

말 잘하는 시인들

詩人 소설가 수필가 극작가 등의 文人들
시 創作者만 왜 詩人이라 했을까

이상과 낭만의 세계를 詩로써 창작하며 꿈꾸며
속세에서 仙人으로 신선의 세계에서
살기를 원하는 시인들

마음 속에 영혼 속에 내면화하며
행동으로 체질화하며 사는 사람

시 창작하는 시인들
말도 잘하는 시인들

말言로 말言을 이기려고 하지 말고
마음心으로 마음心을 이겨야

우리가 살아있는 생이 다하는 그 날까지
來日을 위해 한 그루의 나무를 심는 그 날까지
인생은 미완성의 마음과 자세로

아름다운 시어로 아름답게 글 쓰고, 말하고, 행동하며 살면,
아름다운 시 세계의 삶이 되고 행복한 인생이 되고

2부 운현궁 돌담길

서로 눈동자 마주 보았다
깊이를 알 수 없는 섬광閃光의 눈동자
잠깐 걸음 멈추고 뜨겁고 황홀한 세계에 빠져,

우주선 속에서 유영遊泳하는 듯한
낭만의 세계의 사랑의 유희遊戲
詩적인 사랑에 차라리 永遠하고 싶었던 몇 조각의 순간들

가슴속 心臟의 박동은
꿈결 같은 사랑의 旋律로 피어나는데
밤하늘의 달과 별들은 이 시간
우리의 행복을 지켜보는 길

운현궁 돌담길

우리는 걸었다 운현궁 돌담길
깊어가는 초가을의 어느 날 밤

朝鮮末의 소용돌이 역사가 살아 숨 쉬는 듯한
돌담 안의 운현궁은 잠들어 가는데

오가는 사람 없는 돌담 밖, 달빛 쏟아지는 허황한 거리,
시인과 희곡 작가는 나란히 걸었다

詩와 희곡의 다른 세계 이야기로 꽃을 피우며
달나라 별나라 이야기보다
더 아름답고 행복한 문학의 세계의 꿈의 꽃을 피우며

자칫 서로 사랑에 대한 꿈의 꽃도 피울 뻔하였다
祕苑 하늘 바라보며 잠깐, 침묵으로 걸었다
왕들의 갑질 · 직류 사랑이 아닌 평등 · 교류의 사랑
아니 결국 들국화 사랑에 대한 꿈의 꽃도 피웠다

서로 눈동자 마주 보았다 깊이를 알 수 없는 섬광閃光의 눈동자
잠깐 걸음 멈추고 뜨겁고 황홀한 세계에 빠져,
우주선 속에서 유영遊泳하는듯한 낭만의 세계의 사랑의 유희遊戲
詩적인 사랑에 차라리 永遠하고 싶었던 몇 조각의 순간들

둘만이 걸었다 돌담길의 가로등은 우리가 걷는 길을 밝혀주고
가슴속 心臟의 박동은 꿈결 같은 사랑의 旋律로 피어나는데
밤하늘의 달과 별들은 이 시간 우리의 행복을 지켜보는 길

* 2020.9. 하순의 어느 날 깊어가는 밤, 달빛 쏟아지는 운현궁 돌담길에서

내가 사랑받기 전에 내가 먼저 사랑하며

필자가 서울의 Y 공립고교에 근무하던 시절
과목이 불어인 동료 교사가 프랑스로 유학을 가게 되었다
불문학을 연구하러 간단다

서울의 현직 公立 高 교사가 재직 중 해외 유학은 흔치 않은 일
그래도 헤어진다는 것은 아쉽고 서운한 일

어느 한 교사가
'아, 나, 저 선생하고 커피 한잔한 적 없어!'
위 교사는 국어과 교사로서 말도 꽤나 잘하는 교사
조직사회 내부에서는 인간관계가 무엇보다도 중요한 것

난 속으로 되물었다
'당신은 먼저 커피 한잔하자 했나요?'

어느 말이 떠올랐다.
'내가 사랑받기 전에, 내가 먼저 사랑하며'

그리움

언제인가 그녀가 아득한 철로 길을
총총히 걸으며 홀로 떠나가던 길

석양이 저물어가는
아득한 들녘을 홀로 가던 길

산 아래 바람 부는 대나무 고갯길
검은 머리 날리며 혼자 넘어가던 길

몌별袂別의 슬픔에 바람은 대나무 울리고
대나무들 바람에 시달리며 몸부림치는데

그녀는 외로움 헤치면서
손짓 없이 돌아보지 않고 총총히 가던 길

지금은 문명의 진화 · 개발로 사라진 그 길들
그녀의 뒷모습 사라지던 그 길들 눈에 선하다

방房.Room의 생명성生命性

방이 살아 숨 쉬는 듯한 방의 생명성

달력月曆 Calendar이 있어야 한다
시계時計가 있어야 한다
거울面鏡 Mirror가 있어야 한다
침구寢具가 있어야 한다

이것들이 모두 없는 방은
수도修道하는 도인道人이 기거寄居하는 방

현대인이 외출할 때
모자와 시계 반지 등 각종 액세서리Accessory는
외출의 필수품은 아닌 것

物的인 富의 과시성誇示性에서 비롯된 것.
그러나 지금은 帽子에 깃털을 꽂는 가벼운 장식품일 뿐
시의 세계에 마음의 여유를 부리는 가벼운 장식품일 뿐이다

詩의 세계라고 이런 것들이 불필요한 세계는 아니다

인간의 편견偏見

인간의 사상과 이념이라는
자기만의 관념과 색안경으로
사물을 보고 인식하며

그 사물들을 자기만의 편견의 프리즘으로
分光spectrum하고 분해하며 분석하여

그 사물 존재의 정체와 의미를 규정하는
오류를 범하며 살아가는
인간편견의 모순

'正 反 合' 의 헤겔Hegel의 辨證法論

江의 근원은 깊은 산 속 골짜기의 淸凉한 이슬 한 방울
支川이 되고 그 지천들이 모여 흐르면서 커다란 강이 되고
수분은 증발하여 하늘로 올라 비가 되어 땅으로 바다로 ㄴ

커다란 강물 일부는
支川으로 흘러 중생들에게 들어가

속세의 오염을 순화하고
중생들의 생산에 기여하고
중생들의 생존에 자양분으로 헌신하며

이 물은 다시 강으로 합류하여 흐르며
바다로 歸依한다

'正 反 合의 Hegel의 辨證法論'
인류의 모든 지식과 지혜와
현대 첨단과학의 실마리와 발명도
인류가 태어난 자연으로부터 배우고
영감을 얻고 깨닫고 터득한다는 것

그대는 알겠지요
인류의 어머니요 스승인 자연에게 감사해야 하는 것

겸손과 감사는
이 세상을 가장 아름답고 행복하게 사는 지혜!

이 우주와 자연은 어떻게 생성되었고
무엇이 누가 창조하였을까?

반추反芻의 미학美學

The Esthetics of The Rumination

나 어릴 적 내가 자란 고향 집은 가축동물원이었다
농사에 필요하고 송아지도 낳는 커다란 암소가 있었고
나의 키에 알맞은 염소도 있었다

집 잘 지키고 우리 집 식구들 모두 잘 따르는
누런 개 · 검은 개도 있었다
집터가 센 氣를 누른다는 거위와 수영을 잘하는 오리
새 생명 태어나는 달걀 낳는 암탉,
동트는 새벽과 점심시간 알리는 수탉
새벽이면 암컷을 구애하는지 구구대는 비둘기도 있었고
마당 건너 헛간에는 토끼도 네 마리 있었다
남은 음식 처리하는 돼지도 두 마리나 있었다

커다란 암소와 작은 염소는
자기가 먹은 음식을 되새김질하는
신비스럽고 신기한 반추反芻의 동물
이미 삼킨 음식을 다시 꺼내어
다시 씹으며 음미하고 소화 시키는 동물

인간은 사색과 명상의 반추 동물인가
흘러간 옛날 옛적 지난 사연과 이야기들
즐겁고 아름다웠고 행복했던 추억들

되새기며 즐거워하고 슬퍼하고 그리워하며
반추하며, 온고지신溫故知新의 존재

아름다운 추억도
슬프고 불행했던 기억도 반추하며
기쁨과 즐거움과 사랑과 행복으로 승화하고
아름다운 인생으로 승화하는 인간

자기 아들을 살해한 자를
용서하고 자기 아들로 삼은 어느 목사의 사랑

감독자의 갑질로 성폭행을 당하고 견디면서
금메달을 획득한 자신에게 감사한다는 어느 쇼트 트랙 선수
무고한 연쇄살인범으로 몰려
억울한 옥살이로 한 평생을 살아버린 자가
모두를 용서하는 그런 사랑

우리의 기억을 마음의 위에서 꺼내어
반추 동물이 되새김하듯이

과거를 반추하며 용서하며
새롭게 살아가는 아름다운 우리 인간

길

길이란 시작도 끝도 없는 존재
인생의 출발지와 종착지는
인생길의 시작과 끝이거늘

내 길과 네 길이 서로 사랑하는 너와 나의 길은
서로 다른 볏짚이 꼬여 하나의 새끼줄이 되어
더 강해지고 한 길을 가듯이

잘 닦아진 길은 그 길을 편히 가면서도
다른 길, 가보지 않는 길에 눈과 관심이 간다

우리는 누군가 만들어 놓은 길을 가기도 하고
내가 가면서 다른 길을 만들어 가기도 하는 것
내 길의 종점은 누구에게는 출발점이 되는 것

인간의 욕망은 무한하고 끝이 없는 것
이것이 인간의 屬性인가 인간의 正體Identity인가

여기까지 내가 걸어온 길
아쉬움과 후회가 없으랴 만은 그래도 선명한 길

가보지 않아서 가보고 싶은 길

생명이 있는 한 가야 할 길도 있다

내가 걸어온 길 내 인생이 살아오고 살아가는 길
내 마음이 가는 길 내 영혼이 가고 싶은 길

인간은 자연에서 태어나서 자연으로 돌아오듯이
출발은 심장의 動脈으로, 歸依는 심장의 靜脈으로

시작과 끝 속의 인생은
시작도 끝도 없는 길 위의 존재

관조觀照의 미학
The Esthetics of Contemplation

깊고 깊은 심산유곡深山幽谷
고요한 침묵의 호수 위에

짧은 검은 머리 붉은 입술 황금색 불상
미소도 없는 무표정의 침묵 거대한 황금색 불상

중생들의 우상은 고요의 침묵으로
좌우와 전 · 후면의 산과 호수를 바라보며
중생들의 娑婆를 바라보는 관조

생명도 정서도 서정도 情操도 있는가, 없는가
검은 두상 붉은 입술의 황금색 불상

깊은 산골 호수의 한가운데서 침묵의 고요와 적막으로 靜坐하여
지구의 속세와 우주의 사바를, 중생 인간의 영혼의 사바를
佛像의 영혼으로 그리움과 동경으로 바라보는 관조

묘지의 미학
The Esthetics of Pubic Cemetery

억조창생의 生과 死
삼라만상의 자연은 시간의 軌跡

우리네 人生도 그중 일부분일 따름이다
出生은 祝福이요 기쁨이다
死는 슬픔과 悲劇이요 虛無이다

生과 死도 자연의 한 부분이요 한 조각
무궁한 시간 속에서는 閃光의 한순간일 뿐
죽음도 웃음으로 보내는
시간과 자연을 達觀하고 超越한 '루마니아 人' 들

3부 프리즘의 미학

인간은 프리즘을 발명하여
태양 빛의 자외선과 적외선을 제외한
태양 빛을 육안의 可視광선인 무지갯빛으로 分光하였다

인간은 무지갯빛 세상을 볼 수 있고
무지개 세상에서 살 수도 있는 것

프리즘의 마음으로 삼라만상을

무지갯빛으로 바라보며 살자
暗黑은 光明으로 否定은 肯定으로 拒否는 受容으로
絶望은 希望으로 불신은 신뢰로 슬픔은 기쁨으로
미움은 사랑으로 승화하고 창조하며 살아가자

서로 사랑한다는 세상이 얼마나 아름다운지는
프리즘으로 세상을 바라보며 프리즘의 세상에서 살자
일곱 빛깔 무지갯빛 세상에서 살자

프리즘의 미학

The Esthetics of Prism

태양은 자기의 빛 태양 빛을 발산하고
인간은 프리즘을 발명하여 태양 빛의 자외선과 적외선을 제외한
태양 빛을 육안의 可視광선인 무지갯빛으로 分光하였다

프리즘은 無色의 빛을 분광하여 7색의 무지갯빛으로 창조하니
인간은 무지갯빛 세상을 볼 수 있고 무지개 세상에서 살 수도 있는 것

프리즘의 마음으로 삼라만상을 무지갯빛으로 바라보며 살자
無色의 빛을 무지갯빛으로 창조하여 무지갯빛 세상에서 살자
얼마나 아름답고 신비로운 환상적인 세상인가

暗黑은 光明으로 否定은 肯定으로 拒否는 受容으로
絶望은 希望으로 불신은 신뢰로 슬픔은 기쁨으로 교만은 겸손으로
미움은 사랑으로 승화하고 창조하며 살아가자

내가 사랑하는 그대여! 나를 사랑하는 그대여!
작은 고마움도 크게 감사하고
작은 긍정도 크게 칭찬하며 살자

서로 사랑한다는 세상이 얼마나 아름다운지는
프리즘으로 세상을 바라보며 프리즘의 세상에서 살자
일곱 빛깔 무지갯빛 세상에서 살자

무지개의 스펙트럼Spectrum이 되자
우리가 사랑하는 세상은 프리즘 세상
무지갯빛 인간 세상 자연과 우주

무지개 의상과 얼굴, 무지개 미소
찬란한 사랑과 행복의 무지개인 공작의 날개 빛처럼
세상은 언제나 아름답고 행복한 '프리즘 세상'

*스펙트럼 (spectrum): (명사) 가시광선 · 자외선 · 적외선 따위를 분광기分光器로 분해하였을 때, 파장에 따라 배열되는 성분
*프리즘(prism): (명사) 광선의 굴절 · 분산 등을 일으키게 하는 유리 또는 수정의 삼각기둥 등의 광학(光學) 부품(직각 프리즘 · 편이 偏角 프리즘) 따위 종류가 있음
*낭만(浪漫 romantic): 현실보다 空想의 세계를 즐기며 매우 이상적으로 인생을 대하는 일

봄의 미학

오는 봄은 언제나
새로운 모습이다

올해도 어김없이 찾아오는 봄
맞이할 때마다 새로운 봄

삼라만상이 그렇고
중생들이 그렇듯이
볼 때마다 변하지 않는 것이 있으랴 만은

내 70여 평생을 살아오면서
맞이하는 봄은
늘 새롭기만 하였다

하늘과 산천의 색깔과 빛도
산 아래 양지 잔디밭에 피어난 제비꽃도
호젓한 골짜기에 다소곳이 수줍은 듯
가냘픈 미소로 피어 있는 진달래꽃도

그렇게도 사랑하는 사람인데도
볼 때마다 늘 새롭기만 하였다
그래서 더 새롭고 신비스러운 사랑이었지

나의 시

고슴도치도 자기 새끼는
세상에서 제일 귀엽단다

여성이 임신하면 태어날 자기 아기를 위해 胎教를 한단다
먹는 것, 입는 것, 보는 것, 생각하는 것, 행동하는 것, 가려서 한단다
자식이 태어나면 자기 인생이 끝날 때까지 잊지 못한단다

사람이 사진을 찍으면
결국은 자기가 보려고 찍는단다
사는 동안은 자기가 제일 오랫동안 제일 많이 본단다

시인이 시를 창작하는 것은
임신한 여성과 같단다
자기 자신의 情緒와 情操를 새롭게 표현 창작하는 것

시를 창작한 시인은 그 詩에 따라
인쇄되어 출판할 때까지 몇 번을 수정하고 보완한다
어떤 시는 출판 후에도 수정하고픈 아쉬움이 남는다
이것이 시인의 시다

낚시의 美學
The Esthetics of Fishing

내수면 낚시터, 강과 바다낚시 터
姜太公들 모여든다, 손맛을 즐긴단다

낚시터에서 물고기를 낚을 때
짜릿짜릿한 快樂의 손맛과 喜悅을 즐긴단다

물고기를 낚을 때가지
思索과 冥想을 즐기고 修養을 쌓고
修道한단다, 得道도 한단다
이보다 더 큰 월척의 수확이 어디 있으랴

자연에서 낚은 물고기는
생명의 물속으로 되살려 주는 姜太公들
석양을 바라보며 낚시터를 떠나 자기 집으로 돌아온다

우리네 인생의 財物은
상품개발 경영개발 부동산투기의 結實
속세의 치열한 경쟁에서 爭取한 물고기
쾌락의 신음 소리 짜릿한 손맛을 즐기고 희열을 滿喫한 것

이젠 다시 중생의 娑婆에 베풀고 되돌려주는 것은
한 번 더 쾌감의 절정 영혼의 손맛을 즐기고 희열을 만끽하며

自然으로 돌아가는 人生 낚시의 美學

*姜太公: 〈속〉 중국 주(周)나라의 낚시를 즐기는 재상 · 정치가인 '여상(呂尚)' 의 세칭인 '태공망(太公望)' 에서

무궁화無窮花 미학
The Esthetics of The Althea

무궁화 A Rose of sharon
극동아시아 韓半島 韓民族의 꽃
한민족의 민족성 한민족의 정체성正體性 Identity

꽃잎 속은 빨간 情熱로 응어리져 있고
꽃잎 끝은 순결을 상징하는 흰색의 꽃잎으로
파란 창공의 하늘을 향하고 있는 무궁화

하얀 꽃잎 속의 빨간 정열의 속내는
끈질긴 민족의 끈질긴 저력

평화를 사랑하는 그 꽃 무궁화는
우리 민족의 지성과 얼과 영혼이
혼합되고 압축되어 농축된 엑기스Extract

가지를 꺾으면 휘어져도 부러지지 않고
뿌리와 줄기는 분리되지 않고 소멸하지 않는
끈질기게 살아남은 한민족성韓民族性의 상징

비에도 젖지 않고 빗방울 미끄러지고
이슬은 머금고 자양분 되어 피어나

아침 햇살에 빛나는 무궁화
대륙과 세계, 그리고 우주를 향해
인류의 평화와 행복의 번영을 위해
웅비雄飛하는 한민족의 正體

한반도의 인문지도人文地圖

한반도의 백두대간 호랑이의 등줄기!
한민족 정기精氣 흐르는 아름다운 금수강산
평화를 사랑하는 백의민족 우리 한민족
언어도 글자도 하나인 한글 민족

강대국의 야욕으로 이념의 깃발 아래
남북으로 분단된 우리의 금수강산

남한은 지역과 지방 사투리로 구분되고
지역갈등 사회갈등 심화하여
이념 갈등에 신음하는 우리 민족의 비애!

어차피於此彼 인류의 세상과 역사는
영토싸움, 자리싸움, 밥그릇 싸움!
밥그릇보다 더 무서운 것은 자리싸움!
이용당하고 희생당하고...

야욕의 정략과 세월로 짜인
이념과 지역과 언어문양의 직물지도織物地圖
한반도의 인문지도는
언제나 통일로 새로워질 것인가!

돈의 미학
The Esthetics of Money

돈은 벌기도 어렵지만 쓰기도 어려운 것
돈은 비료와 같은 것으로
뿌리지 않으면 쓸모가 없단다 (Francis Bacon, 1561-1626)

돈이란 내 손으로 쓸 때 내 돈이다
돈이란 쓸 때 혜택받은 자가 감사하면 현명하게 잘 쓴 것이다

돈은 쓸 때 돈의 효력이 나타나는 것이고,
돈은 쓰지 않고 가지고 있으면 아무 소용이 없는 것

쓰기 쉬운 사람은 벌기 어렵고
벌기 쉬운 사람은 쓰기 어려운 것

돈 벌기도 쉽고 돈 쓰기도 쉬운 세계, 이상과 낭만의 세계

한국의 유토피아 The Utopia of Korea 현상

화마火魔 속의 생명을 구출하기 위해 불 속으로 뛰어드는 소방대원
응급환자를 살리기 위해 환자의 입과 코를 몸소 빨아
회생시키는 구급대원의 **생명 사랑 정신이 구현되는 현상**

설악산 마지막 지게꾼 **'임기종'** 옹
한번 올라간 품삯 3만 원, 40년을 모아 이웃에게 1억 기부
기네스북에 오를 사랑의 **미소 천사**

농어촌마을 골목길 산골 마을 골목길
산간벽지 · 오지奧地 마을 골목길 꼭대기가옥까지
도로포장 다 되어 있고 전기 다 들어오는 **대한민국**

시장골목과 일반거리에 걸인乞人들이 사라지고
유흥가 골목에도 걸인과 조폭들의 싸움도 없는 현상

국민 중 장애인 · 기초생활보장 수급자 · 의료수급자
次 상위계층의 사회 · 경제적 약자들 기초생활을 보장하고
국민건강보험 제도를 시행하여
세계적인 사회보장 · 사회복지 국가의 **대한민국**

조직 내부의 비리를 暴露 · 告發한 자를
否定的인 視角으로 인식하는 사회풍토에서

사회조직 내의 단순한 폭로가 아닌
국가의 거대부패를 척결하는 所信으로
두 전직 대통령의 부정 축재를 폭로하여
전 세계를 깜짝 놀라게 한 義人 英雄 **'박계동 의원'**

성비性比의 불균형으로 인한 다문화가정을 지원하여
다문화가정의 안정과 정착을 도와주는 **'대한민국'**

자유와 행복을 찾아 증가하는 脫北民과 전쟁 난민,
그리고 自國의 內亂難民을 다른 나라처럼
자국의 국익 · 타산에 의하지 않고
순수한 인도주의 차원에서 받아주고 도와주는 **'대한민국'**

성실한 연구와 노력으로 고난과 역경을 극복하여
역전의 부자 농부와 서민 갑부도 탄생하고 증가하여
수직상승의 사다리도 존재하는 대한민국!

* Utopia: 이상으로 그리는 완벽하고 평화로운 사회(Daum 사전)

한국의 디스토피아 The Dystopia of Korea 현상

'세상은 요지경, 요지경 속이다'.
'여기도 짜가, 저기도 짜가, 짜가가 판친다' 는
대중가요가 유행하고

사람도 짜가, 말(言)도 짜가, 사랑도 짜가, 진실도 짜가!
불신과 가짜가 판치고 보편화하여 속고
당한 자만 무능한 자로 취급받는
병들고 부패되어가는 사회현상

정치 · 경제 · 사회 · 문화 · 종교 등의 어느 분야도
이 같은 현상에서 결코 자유로울 수 없는 사회현상

대립과 갈등과 다툼이 모이고, 죄인들이 모여드는
법원과 검찰청 건물들의 그 규모와 크기는
국토면적과 인구에 비해 세계적인 현상

인구와 국토면적은 이웃 나라 日本의 몇 분의 일이지만
각종 소송건수訴訟件數는 수십배數十倍가 넘는 사회현상
'걸핏하면 法대로 합시다
法廷에서 만납시다.' 의 살벌한 民心

사상과 이념의 대립으로

한반도의 국토와 한민족은 남북으로 분단되어
북을 향해 공산주의의 남침을 막아야 하는 군부,
극소수의 정치군인들은 정권의 야욕으로
南을 향해 무기의 총구를 돌려
민주항쟁의 민중을 학살해서 집권한 불행한 역사

보이스 피싱(voice phishing)으로
서민의 금융사기의 피해가 극에 달하는 현상
상품 · 벤처 기업주식의 사칭
가상화폐 · 고리 사채 · 판매사기 등이 기승을 부리는 현상

인구밀도 세계 3위 주택가격 부동산가격의 폭등으로
무주택자의 고통은 심각한데
투기꾼들의 주택과 부동산의 사재기, 1139채 '빌라왕' 의 죽음
전세 사기로 무주택자 울리는 주택사기꾼들이 범람하는 현상

급격하고 불안한 사회변동으로
수많은 사이비종교와 무속종교의 천국이라는 汚名의 현상

순수하고 진실한 신앙으로
오직 하나님만 믿고 의지하며 살아가는
어려운 신도들의 눈물 어린 헌금으로 축재하여

생겨나는 재벌교회의 어려운 신도들은 소외당하고

내부의 정치적 주도권과 경제적 이권에 눈이 멀어
대립과 갈등의 泥田鬪狗와 분쟁의 모습으로부터
결코 자유롭지 못하여
현대판 '가롯 유다' 의 비난을 면치 못하는 현상

영리 극대를 위한 능률에만 집착하는 공사수행으로
생명과 안전은 물신주의에 매몰되고 공사 중
노동자의 고귀한 생명이 희생되는 사고가 발생하는 현상

*Dystopia; 현대사회의 부정적인 부분이 극단적으로 확대되어 초래할 지도 모르는 미래의 부정적인 모습(Daum 지식 사전)

* '세상은 요지경' : 가수 '신 신애' 의 대중가요.

미국 아버지의 행복

서울시에서 공무원 시절 연수를 받게 되었다
서울특별시에서 공무원시절
한남동 서울시공무원교육원에서 연수를 받게 되었다
S대학K교수의 행정학강의 시간

그 당시 한국인들 미국으로 이민 가는 것 꿈이었단다
미국 유학시절 자기가 거주하는 바로 옆집에 老夫婦가 살았는데
매월 한번 경찰서장으로 있는 아들이 찾아온단다

끔찍한 효자로 생각 했단다
알고 보니 그 집은 찾아오는 아들 소유의 집
부모가 월세로 살고 있어 매월 한번 월세 받으러 온단다

父子간에 이렇게 사는 나라에 이민가려고 하는지 이해 어렵단다
나는 자녀라고 딸 · 아들男妹밖에 없다
나도 그 미국노부부의 처지였으면 좋겠다

매월 한번은 사랑하는 남매자녀를 만날 수 있으니
그래서 자녀교육은 엄하면서도 효도교육도 병행해야 한다

나는 아버지의 엄한교육만 받고 정을 받지 못해서인지
하나밖에 없는 아들을 너무 귀여워 한 탓일까
하기야 내게 원망도 한도 좀 있어서일까

4부 비 내리는 인사동 거리

언제부터인가 화려하지도 요란하지도 않은
素朴한 시인들은 이 거리를 거닐며 역사의 서정을 느껴보고
어떤 시인들은 선술집을 찾아 소주잔을 기울이며
나름의 想念에 잠겨 고독과 憂愁를 달래며 懷抱를 푸는 거리

인생과 사랑의 번민과 환희를 느끼고
思惟하고 思索하는 哲人 같은 詩人들은
나름의 사색과 철학의 깊이와 무게에 색다른 의미를 부여하며
內心 차별화된 異元的 多面的 詩世界에 자기도취 되어
도수 높은 술의 빛과 향기와 맛을 吟味하며
술과 자신의 역사를 回想하고 追憶하며 회심의 미소 짓는 거리

비 오는 거리라고 마냥 우울하고 고독한 거리랴 마는
영원히 가버린 사랑에 대한 그리움은 鄕愁의 香氣로 피어나고
결실을 알 수 없는 뜨거웠던 한줄기 새로운 사랑의 세월은
아름다운 추억의 한편의 세월로만 남을 것인지는
이 거리에 내리는 보슬비는 알 수 있을까

비 내리는 인사동 거리

조선 시대 도읍지 한양의 중심지 인사동 거리

조선은 일본과 合邦으로 나라는 없어졌어도
민족은 살아남고
비교적 선비처럼 淸貧하고 가난한 삶의 官吏들은
하루아침에 직장을 잃어
生計를 위해 골동품 예술품의 去來로 시장이 형성되었다는 거리

지금은 관광객과 예술인들의 거리가 되었단다
언제부터인가 화려하지도 요란하지도 않은
素朴한 시인들은 이 거리를 거닐며 역사의 서정을 느껴보고
어떤 시인들은 선술집을 찾아 소주잔을 기울이며
나름의 想念에 잠겨 고독과 憂愁를 달래며 懷抱를 푸는 거리

인생과 사랑의 번민과 환희를 느끼고
思惟하고 思索하는 哲人 같은 詩人들은
나름의 사색과 철학의 깊이와 무게에 색다른 의미를 부여하며
內心 차별화된 異元的 多面的 詩世界에 자기도취 되어
도수 높은 술의 빛과 향기와 맛을 吟味하며
술과 자신의 역사를 回想하고 追憶하며 회심의 미소 짓는 거리

선술집 창밖에는 오늘따라 보슬비 내리는 우울한 거리

하염없이 내리는 비는 이 거리를 적시고
오가는 사람들의 抒情도 다양하고 풍부하게 하겠지

비 오는 거리라고 마냥 우울하고 고독한 거리랴 마는
영원히 가버린 사랑에 대한 그리움은 鄕愁의 香氣로 피어나고
결실을 알 수 없는 뜨거웠던 한줄기 새로운 사랑의 세월은
아름다운 추억의 한편의 세월로만 남을 것인지는
이 거리에 내리는 보슬비는 알 수 있을까.

나의 그림자 야무진 꿈

언제나 나와 함께하고 있는
나의 그림자

내가 살아있고 빛이 있어 움직이면
나와 함께하는 나의 동반자

내가 없는 그곳에는
나의 유작 나의 시집은
나의 그림자로 나의 흔적으로 남아 있겠지
야무진 꿈!

나 어릴 적 고향 마을 좌우 앞뒤 마을
기와집 한 채 없는 草家 마을 순박한 농민들의 꿈
밤이면 잠결에 꿈결에 기와집 몇 채 지었다 헐었다
이상과 낭만의 야무진 꿈

*낭만(浪漫)(being) romantic.
~적(인) romantic
~적인 생각에 잠기다 indulge in romantic dreaming [thoughts]
이 카페에는 ~ 적인 분위기가 있다 This cafe has a romantic atmosphere.
~주의 romanticism
~주의자 a romanticist
~주의 문학 Romantic literature.
~파 the romantic school; the Romantics.
신 ~주의 neoromanticism.

선풍기扇風機

찜통더위 무더운 여름 벽장 안에 있다가
올해도 어김없이 내 방에 찾아와
바람불어대는 선풍기
자유의 환희를 만끽하는 너
아직은 힘차고 생생하구나

산타할아버지 따로 있나 부처님 따로 있나
이 더위엔 바람이 구세주지
선풍기와 부채는 에너지 절약의 化身이다
가스 배출 없어 大氣 보호 공로자다

나를 향한 산바람 강바람 '걸어서 세계 속으로'
카리브해 낭만의 바닷바람
너의 정성 어린 扇風力 나는 生氣 돈다

땀을 날린다
더위를 날린다
스트레스도 날린다

너와 나의 인연은 오래인데
너는 옛 모습 그대로구나
번민도 고뇌도 회한도 백팔번뇌도 날려라

너의 바람에 가을은 재촉 된다
이 순간도 세월은 속절없이 흐르는데

*2019.7월 중순.

나의 주례사

나이 60이 넘어 서자
지인과 몇 제자들의 주례 부탁을 받게 되었다
종종 한 해에 몇 번의 주례를 서기도 하였다
'남존여비의 전통적인 가부장적 전 근대적 사회와는 달리
현대 민주주의 사회에서는 만민평등 남녀평등의 사회입니다'

'사랑에도 평등 생활에도 평등 사랑의 표현에도 평등해야 합니다
그래도 신랑이 먼저 바다 같은 마음과 넓은 가슴으로
안아주고 쓰다듬어 주면
신부는 신랑을 하늘을 바라보듯 우러러 볼 것입니다'

유대민족 어머니는 딸의 결혼식 전날 밤, 딸의 손을 꼭 잡고
'애야 너는 내일이면, 부모의 슬하를 떠나
한 남자의 아내가 되는구나!
너의 신랑을 가정의 하인으로 여기면
너는 하인의 아내가 되는 것이고,
너의 신랑을 가정의 왕으로 섬기면 너는 왕후가 된단다' [1)]

자기 논에 물들어가는 것과 자기 자식 입에 음식 들어가는 것은
아무리 많이 들어가도 안 아까운 것이고,
부모가 자식에게 온갖 효자 노릇을 해야
자식은 부모에게 반 효자 노릇을 한다는 것이 부모의 마음이란다[2)]

위 내용을 주로 넣어서 주례사를 하곤 하였다
어느 결혼식이 끝난 후
피로연에 신부가 눈물 고인 눈으로 나를 찾아와서
좋은 말씀 감사하다며 별도의 사례 인사를 하였다

1) 유태민족의 탈무드 인용
2) 향년 90세에 영면하신 어머님의 말씀 인용

地球本

고등학교 시절
다방면에 해박한 어느 시인 선생님

仙人이 되고 道人이 되면,
세상을 앉아서 6천 리,
일어서면 9만리를 본단다

청소년시절부터 생각해 왔던
지구본이 내 방에 나와 함께 있다
古稀가 마무리 되어가고 米壽가 보이는 나이
이제라도 내 앞에 있구나

'앉아서 세계 속으로…
전 세계 · 전 지구가 내 눈 아래 내 손안에 있다
지구의 적도와 5대양 6대주, 그리고 남극과 북극

나 혼자 방안에서 세계여행 즐긴다
지리여행 지리탐구,
세계사 공부, 세계 각국의 인문학 공부가 즐겁다
仙人과 道人이 된 기분이다

용마산 등산길

서울의 용마산 오르는 두 가지 길
골짜기 따라 오르는 길, 生氣로운 계곡 길
나를 맞이하는 작고 연약한 풀과 꽃들
구경하는 나무들 노래하는 산새들

생기 찬 계곡물 산속 이야기 전해주며
나와 그들 반기며 어울리는 계곡 길

능선 따라 오르는 길 야망의 능선 길
산 아래 양쪽 세상 내려다보이는 길
흙과 바위 드러난 길 민둥 길

비바람에 시달리고 사람들에 밟히어 민둥 길 되었다
능선 바람 세상 바람 타고 오르기 좋아하고
밟아 딛고 오르기 좋아하며

내려다보기 좋아하는 者들에게 짓밟혀
능선길은 민둥 길 독산禿山길 되었다

용마산 오르는 두 가지 길
중생들이 세상 살아가는 두 가지 길

용마산 정상

용마산 정상에 오르면
세상과 자연의 어울림 한눈에 보인다

한강변 도로의 개미 줄 같은 차량들
치열한 생존경쟁 인간 삶의 모습

팔당의 예봉산 '강우 레이더' 관측소
자연의 재앙으로부터 인간을
보호하기 위한 문명의 이기

용마산 아래 구리시에서 펄럭이는 태극기
살아있어 펄럭이는 국가 공권력의 生命性

북한강과 남한강이 만나 한강이 되고
서울의 강남과 강북은 한강으로 구분되고
강남과 강북의 支川들은 다시 한강으로 합류하고
한강은 또다시 한반도의 남한과 북한 사이를 흐르며

남과 북의 支天들을 불러 모아 하나의 강으로
서해로 대양으로 도도히 흘러간다

육지는 땅으로 남아 존재하여도

물은 거부할 수 없는 바다로 흘러간다.
생명의 원천인 물은 고향인 바다로 흐르고
물의 흐름은 正反合의 現象

인간 세계와 자연의 현상을
한눈에 볼 수 있는 용마산 정상

모래시계

인생은 모래시계
시간의 지배를 받는 우주의 만물

모래시계는 투명하다
기능수행도 투명하다
발가벗은 선명성이다

상 · 하의 구조와 크기가 똑같다
夫婦일 것 같으나 아니다
두 개의 물건이 아니고 하나이기 때문이다

상 · 하의 위치는 서로 바뀐다. 주는 쪽과 받는 쪽도 바뀐다
대립 관계도 아니다
상 · 하 갑을관계도 아니다
상호 협력 관계이다

선후 관계, 상 · 하의 위치 관계, 시始와 종終의 관계는 바뀐다
내용물인 모래는 어느 한쪽의 전유물 아니며,
양쪽의 공유물의 관계다

세워져 있는 것이 정상의 모습이다
옆으로 있다면 그것은 누워 있는 것이 아니고

넘어져 있는 것이다

모래시계의 구조는 선후, 상하, 始終,
모래의 소유 관계에 있어서
철저한 평등의 관계이다

모래시계의 교훈은
시간성과 선명성, 투명성, 그리고 평등성이다

장미꽃 美學

빨간 장미꽃!
정열적인 사랑과 정절貞節
그리고 평화의 상징

장미꽃이,
몸부림스러운 수고로움으로
겸손의 無光澤의 아름다움을 다하여
겹겹이 피어나는 것은,
사랑을 매혹魅惑.fascinating하고 싶어서이다

장미꽃이,
너만이 황홀스러운 요염妖艷의 미소를 짓는 것은
사랑의 열매를 맺고 싶어서이다

장미꽃이,
너만의 빨간 정열로 활짝 피어 있는 것은
사랑을 붙들고 싶어서이다

장미꽃이,
너만의 노란 꽃술로 달콤한 향기를 피워내는 것은
사랑을 빼앗고 싶어서이다

장미꽃이,
너만의 가시를 갖고 있는 것은
너만의 순결純潔을 지키고 싶어서이다

장미꽃이,
너만이 씨앗을 숨기고 있는 것은
언제나 청춘이고 싶어서이다
언제나 청춘이고 싶어서이다*

*한국현대시13호.2015. 상반기 호. 중랑문학(2015.20호) 발표.

바람의 미학美學

얼굴도 모습도 형체도 없는 바람

내 얼굴 내 가슴에 불어올 때
구름이 흘러갈 때 나뭇가지 흔들릴 때
외로운 여인의 치맛자락 휘날릴 때
떠나가는 여인의 머리카락 흩날릴 때

바람은 제 모습을 나타내고
나는 바람의 존재를 의식하고

봄바람이 불어올 때는 내 얼굴을 향하여
내 가슴을 향하여 안기고
떠나갈 때는 동경의 세계로 나를 밀고 이끌어준다

봄바람은 미풍으로 꽃을 피우고 사랑을 피우고
꽃과 사랑의 향기를 전해주고
나의 볼에 스킨십skinship도 해주고

바람은 가만있지 않고 역동적으로
움직이며 껴안고 사랑하고 시달리며 달리고
휘몰아치고 휘감고 휩쓸고 나니는 것

여름에는 매정한 폭풍우로
가을에는 미련 없는 몌별袂別의 슬픔으로
쓸쓸한 낙엽으로 떠나가는 바람
겨울에는 휘몰아치는 폭설로
왔다가 흔적은 남기고 떠나가는 바람

바람은 세월과 계절을 누비고 떠나는 편력遍歷의 나그네

5부 씩스 나인 사랑과 인류평화

인류의 역사는 사랑의 역사인가, 전쟁의 역사인가!
인류의 전쟁은 민족전쟁인가, 영토전쟁인가,
종교전쟁인가, 이념전쟁인가, 경제전쟁인가!

동물의 生態는 弱肉强食의 生態
인간의 생태는 사랑과 感情의 생태

'씩스 나인 사랑' 은
가장 순수하고 眞實한사랑,
가장 적나라하고 透明한사랑
정신적인 사랑과 官能的인 사랑의 總和의 結晶體

내 모든 것을 다 내보이고 다 내주어도

더 내보이고 더 주고 싶은 사랑
서로 숨김없이 鮮明하고 透明한 사랑

인간사회집단의 기본단위인 家庭은
'씩스 나인 사랑' 으로 이루어져야 한다
그래서 '행복한 가정은 지상의 천국' 이라 했던가

권력자 자신의 권력 욕구를 충족하기 위해
국가의 이름으로 殺傷과 破壞의 政治탄압과 테러 ·
內戰 · 局地戰 · 全面戰을 일으키며,
존엄하고 평등한 인간의 생명과 가정을
無慘이 草芥같이 犧牲시키는 자들
그들도 '씩스 나인SixNine사랑' 은 알고 있을까

씩스 나인Six Nine 69 사랑과 인류평화

John Dewy의 Pragmatism의 한계는
인류의 역사는 사랑의 역사인가, 전쟁의 역사인가!

인류의 전쟁은 민족전쟁인가, 영토전쟁인가,
종교전쟁인가, 이념전쟁인가, 경제전쟁인가!

인간의 신체는 어느 부분이나 貴하고 重要하다.
인간의 생명은 어느 생명이나 貴하고 平等하고 尊嚴하다

동물의 生態는 弱肉强食의 生態
인간의 생태는 사랑과 感情의 생태

'**씩스 나인 사랑**' 은 가장 순수하고 眞實한 사랑,
가장 적나라하고 透明한 사랑
정신적인 사랑과 官能的인 사랑의 總和의 結晶體

내 모든 것을 다 내보이고 다 내주어도
더 내보이고 더 주고 싶은 사랑
서로 숨김없이 鮮明하고 透明한 사랑

서로 신체의 가장 깊은 곳에 존재한
가장 중요한 것을 아낌없이 내보이고 愛撫해주며
모래시계와 같이 상호 平等하고 公正한 사랑

인간사회집단의 기본단위인 家庭은
'씩스나인사랑' 으로 이루어져야 한다
그래서 **'행복한 가정은 지상의 천국'** 이라 했던가

사회집단의 범위는 가정을 기초로
학교 · 회사 등 각종 公 · 私의 사회적 단체,
국가는 개인이 되어 이루어지는 최후의 사회단위는 국제사회.
모든 사회단위가 '씩스 나인 사랑' 으로 숨김없이 선명하고 투명하다면…

민주주의 국가와 사회주의 국가
자본주의 경제와 공산주의 경제
현대의 理想은 인간복지주의 국가체제와 경제체제

그들은 국가체제 경제체제를 내세워
국민을 사랑하고, 인민을 사랑하며,
지상의 유토피아Utopia, 지상의 낙원Paradise을 건설한다는
美名의 旗幟아래 국가의 國旗를 휘날리며

권력자 자신의 권력 욕구를 충족하기 위해
국가의 이름으로 殺傷과 破壞의 政治탄압과 테러 ·
內戰 · 局地戰 · 全面戰을 일으키며,
존엄하고 평등한 인간의 생명과 가정을
無慘이 草芥같이 犧牲시키는 자들
그들도 **'씩스 나인SixNine사랑'** 은 알고 있을까

한국인의 행복

운전하는 한국인 나만 안전운행하면
안전할까 불안할까

어린 자녀를 학교에 보낸 학부모
학교가 무섭다 왕따 당할까 폭행당할까

선생님이 무섭다
내 자녀 이념교육 세뇌될까
내 자녀 눈 밖에 나지 않을까

음식점에 가면 불안하다 불량식품일까 정상 식품일까
병원에 가면 의사가 무섭다 전문성이 있을까, 없을까

과실일까 과실이 아닐까
인식 있는 과실일까 인식 없는 과실일까
미필적 고의일까

백화점에 가도 불안하다. 진품일까 짝퉁일까
고기가 국내산일까 수입산일까

그래도 믿을 것은 오직 나
내가 하면 로맨스, 남이 하면 불륜
내가 하면 투자 남이 하면 투기
그래서 한국인은 행복하다

자기중심의 이기적인 인간의 一面

인사

인간은 동물과 구별되는
情緒的 思考的 倫理的 道德的 존재

인사는 자신을 존중하는 기초의 표시
인사人事는 상대에 대한 존경과 존중의 표시

인사는 인간만이 향유할 수 있는
인간존엄의 향기로운 가치

인사는 인간관계를 향기롭게 하는 꽃의 향기이다
인사는 인간관계건축의 기본초석이다

헤어질 때 인사는 인간관계 건축물의 최후의 장식품이다

악수握手 Handshaking

악수는 포옹의 단축 행동이다
포옹은 친밀의 표시이다
악수는 친밀의 통로이다

악수는 인간만의 행동이다
신과 동물의 세계에도 악수가 있을까

포옹은 인간의 원초적인 사랑의 행위다
악수는 인간의 지성적인 언어다

太陽의 고독

태양은 외롭다
태양은 지구의 생명의 근원

태양은 지구의 자연과 인류에게
온도와 물을 주어
생명을 주고 생존하게 하지만

우주의 어느 별도 어느 행성도
태양을 가까이 할 수는 없다

태양은 태양계의 행성들에게
태양계의 중심체 · 구심체로써
태양계의 행성들을 늘 생각하고 베풀어야 하지만

눈물로도 씻을 수 없는 태양의 외로움을
태양은 빛과 더운 온도로 승화시켜 영원히
생명과 생존을 지구와 우주에게 헌신적으로 베푼다

결혼結婚

결혼이란 막연한 이상의 세계도 낭만의 세계도 아니다
환상의 세계도 아니다 엄연한 현실의 세계이다
시의 세계로는 살 수는 있는 것이다

바로 내 옆에
이성異性의 한 인간이 존재하는
엄연儼然한 현실의 세계일 뿐이다

다만 사랑에 빠진 잠자리를
같이 할 이성의 한 인간이 존재할 뿐이다

이 세상 이 지상의 낙원인
행복한 가정일 뿐이다

고3때 시인 국어선생님!
"진실로 사랑하는 사람과는 결혼 못하는 것이란다."

해당화海棠花 美學
The Esthetics of Sweetbrier

미인이 잠결에서 깨어난 듯한 淸楚한 우아함의 해당화

한없이 저 넓은 바다 망망대해茫茫大海를 바라보며
해맑은 노란 꽃술의 너의 눈은 끝없는 대해의 시야를 품에 안고
드높은 창공의 바다의 향기를 마음껏 호흡하고

속세의 오염을 정화하는 염분의 바닷물을
섭취하는 바닷가에 자생하는 너 해당화
그래서 너의 기름과 향수는 중생들의 특별한 사랑을 받고

겨우내 웅크렸던 봄의 기운의
드넓은 바다에서 밀려오는 아지랑이 용솟음도
춤추며 속삭이며 꿈틀거리며
투명한 불길로 솟아오르는 기개도

미인의 잠결에서 깨어난 우아한 아름다움으로
바다와 창공의 청량함을
맨 먼저 맞이하고 차지하는 축복의 향유

무궁한 꿈의 하늘을 향하여!

모순의 순리

정치인은 정치인이 만든다
공천을 받아야 하므로

시인은 시인이 만든다.
시 문단에 등단해야 하므로

기업의 사장은 회장이 만든다
기업의 영리가 목적이므로

정치인은 사업하는 사람이 키운다
국민이 키워야 하는데

등단한 시인은 출판사가 키운다
독자가 키워야 하는데

시인은 시의 예술성과 시장성에 의해서
성장해야 한다

정치인이나 시인이나
그들의 상품성과 시장성에 의해서 성장해야 한다

그러나

정치인이나 시인이나
그들만의 사회에서
정치성과 사회성에 의해서 성장한다

지상의 천국 따로 있나
남의 말 좋게 하는 세상이 지상의 천국이지

자유의 여신상

Statue of Liberty

오른손엔 높이든 자유와 개척의 횃불
왼손엔 잡어든 신앙과 희망의 독립선언서
머리에는 우주를 향하는 안테나와 개척의 관冠

여신상의 발아랜,
원주민의 사라진 역사,
노예해방의 끊어진 쇠사슬
여성의 신비를 감춘 여신상의 치맛자락

이 땅의 사람들이 '뉴욕' 에 오면
한번쯤 찾아보는 자유의 여신상

그들은, 여신상 밑에서부터
수직의 종縱과 나선의 횡橫으로
여신상 속 내의 머리까지 오르내린다

생명이 창조되는 성스럽고 신비로운 자궁을 거쳐
생명을 유지하고 사랑을 박동하는 심장에 흐느끼며
심신의 안식처 젖가슴에 얼굴을 파묻어보고
세상을 바라보는 낭만의 심미안審美眼에 감동하고
지성과 이상의 샘 머릿속을 배우며…

역사와 정의는 힘 있는 자의 것이라는 것,
인류에게 사랑, 자유와 민주주의,
평등과 평화, 희망의 세상을 주고 싶은
여신상의 모성애母性愛를 안고 가겠지

*1992년 1월 미국 처음 여행 시 뉴욕 관광 후
*한국 현대 시 16. 2016 하반기호.(한국현대시인협회)발표

현대시의 美學

현대시의 세계는…

바닷속의 세계인가!
땅속의 세계인가!
구름 위의 세계인가!
꿈속의 세계인가!

자기만의 은유隱喩metaphor의 세계에서
詩語의 유희를 즐기고 헤매는 詩
자신도 시의 취지와 메시지message를 놓치는
자기만의 추상적이고 초월적이고 형이상학적인 詩

시문학 연구의 업적을 위해
수입 외래종 시 문학론과 시 장르genre에
종속되어 종속론의 포로가 되고…

자기도 그 미로에서 헤어 나오지 못하는 시
독자들의 시에 대한 난해성을,
자기만의 예술성과 시문학 전문성, 신비성으로 미화하는 시

구름 위의 선녀가
다양한 비유譬喩.figurativeness의 화려한 의상을 하고

자기도취 속에서 춤추며 즐기는 시

하늘 아래 땅 위의 중생과는 차별화함으로써
시문학성을 과시하고 자기만의 귀족성으로 포장하는 시
해설자는 꿈보다는 해몽으로 전문성을 보이는 시

현대시는...
시를 위한 시인가!
시인을 위한 시인가!
누구를 위한 시인가?

진정한 시의 세계는
세상의 만민萬民과 더불어
시 예술의 美를 함께하는 시...

현대시학의 미학美學인가
현대시학의 미학未學인가
현대시학의 고학孤學인가

*生活 文學. 105집.(2014. 겨울호. 한국생활문학회) 발표
*중랑문학. 20호(2015. 서울시중랑문인협회) 발표

미적분微積分 美學

인간을 미분하면 뜸물이고, 적분하면 흙이다
인생을 미분하면 일생一生이고, 적분하면 인사人史이다
원圓을 미분하면 핵核이고 적분하면 우주宇宙이다

남자를 미분하면 수컷種根이고, 적분하면 권력權力이다
여자를 미분하면 꽃花이고, 적분하면 모성母性이다
연애를 미분하면 예술藝術이고, 적분하면 결혼結婚이다

돈money을 미분하면 혈血이고, 적분하면 비료肥料manure다
술酒을 미분하면 이완弛緩이고, 적분하면 허탈虛脫이다
권력을 미분하면 강제强制이고, 적분하면 권위權威이다

사랑을 미분하면 이해理解이고, 적분하면 적선積善이다
결혼을 미분하면 섹스sex이고, 적분하면 사랑love이다
우정을 미분하면 의리義理이고, 적분하면 하나된 영혼靈魂이다
악수를 미분하면 접촉이고, 적분하면 포옹이다
인사를 미분하면 상대존경이고, 적분하면 자기존중이다
웃음을 미분하면 꽃이고, 적분하면 사랑이다

정치를 미분하면 덕德이고, 적분하면 역사歷史이다
타락 정치를 미분하면 돈錢이고, 적분하면 부패腐敗이다
무지개를 미분하면 현상이고, 적분하면 神의 미소이다

정치 권력을 미분하면 선거選擧이고, 적분하면 민의民意이다
군사정권을 미분하면 무기武器이고, 적분하면 폭정暴政이다
정치학을 미분하면 선거학選擧學이고, 적분하면 사기학詐欺學이다
선거를 미분하면 공약公約이고, 적분하면 공약空約이다

오로라aurora를 미분하면 현상이고, 적분하면 神의 춤이다
풍선을 미분하면 허공虛空이고, 적분하면 꿈이다
뻐꾸기를 미분하면 한가恨歌이고, 적분하면 혼魂의 한恨이다
꾀꼬리를 미분하면 미성美聲이고, 적분하면 神의 미가美歌이다*

*生活文學 107집. (2015. 여름호. 한국생활문학회)

원(ㅇ.圓.circle)의 美學

원(ㅇ)은 美다
원(ㅇ)은 사랑이다
원(ㅇ)은 시작이요 끝이다
원(ㅇ)은 태극이요 우주이다

점点도 원이다
핵核도 원이다
회전回轉도 원이다

만물은 원으로 시작해서 원으로 끝난다
다각형多角形의 만물은 원으로 다듬어진다
만사는 원으로 출발하여 원으로 돌아온다

인간심상人間心象의 초상初象은 원이다
인간심상人間心象의 임종의 종상終象도 원이다

인간 지혜智慧의 원상原象은 원이다
인간 지식知識의 원상原象도 원이다

인간 진심眞心의 형상形象은 원이다
인간 선심善心의 형상形象도 원이다
인간 미심美心의 형상形象도 원이다

인간 성심聖心의 형상形象도 원이다

원은 특정한 正面이 없다
원은 全面이 正面이다
원의 정면은 점이다

원은 부딪지 않는다
원은 정면으로 부딪지 않는다
원은 부딪쳐도 미끄러진다
원의 회전은 생산의 근원이다
원은 능률적이다

네 엄마에게 마지막 스킨십Skinship을

사랑하는 내 남매 자녀들아
네 엄마에게 마지막 스킨십을 맘껏 해 드려라

2020.2.22.13:50분경 68세의 나이
파주에 살고 있는 세 어린 외손자들의 먹거리를
5일장의 전통시장에서 구입하여 양손에 들고
시장 내에서 급 좌회전하는 SUV 차량의 옆문에 넘어져
의식불명의 상태로 병원에 입원한 네들의 엄마
수술받았으나 깨어날 수 없는 네들의 엄마
사랑하는 너희의 엄마에게 스킨십을 맘껏 해 드려라

너희 두 남매는 이 엄마 속에서 태어나서
엄마의 품속에서 엄마의 모유와 사랑을 먹으며 자랐고
이렇게 나이 30이 넘도록 살아오지 않았느냐

얼마 후면 사랑하는 네 엄마의 육신은 한 줌의 재가 되어
자연으로 돌아갈 것이다
우리 중생도 그러하듯이

그래도 너희 남매는 엄마를 살리기 위해 백방으로 노력하고
인터넷에도 호소하여 많은 헌혈을 받았지 않았느냐
네들의 대한 엄마의 사랑과

엄마에 대한 너희의 사랑은 영원할 것이다

어차피 우리 인생도 언젠가는 가야 할 길이지만
모든 것을 잊고 하나님의 나라에 편안히 갈 수 있도록
네 엄마에게 마지막 스킨십을 마음껏 해 드려라

네 엄마와 함께 살아온 38년의 세월을 회상해보면
아쉬움도 원망도 아름다운 추억도 행복의 세월도 왜 없었겠느냐
우리 인생의 역사는 민족과 국가의 역사와는 달리
아름답고 행복한 역사로만 남겨야 하지 않겠느냐

네들의 엄마는 2020.3.26.20:00경 우리의 애도 속에 영면하시었다
네 엄마의 육신은 한 줌의 재가 되어 자연으로 돌아가지만
영혼은 하나님 나라로 가겠지
우리 유족은 삼가 엄마의 명복을 빈다

수필/ 에필로그/ 평설

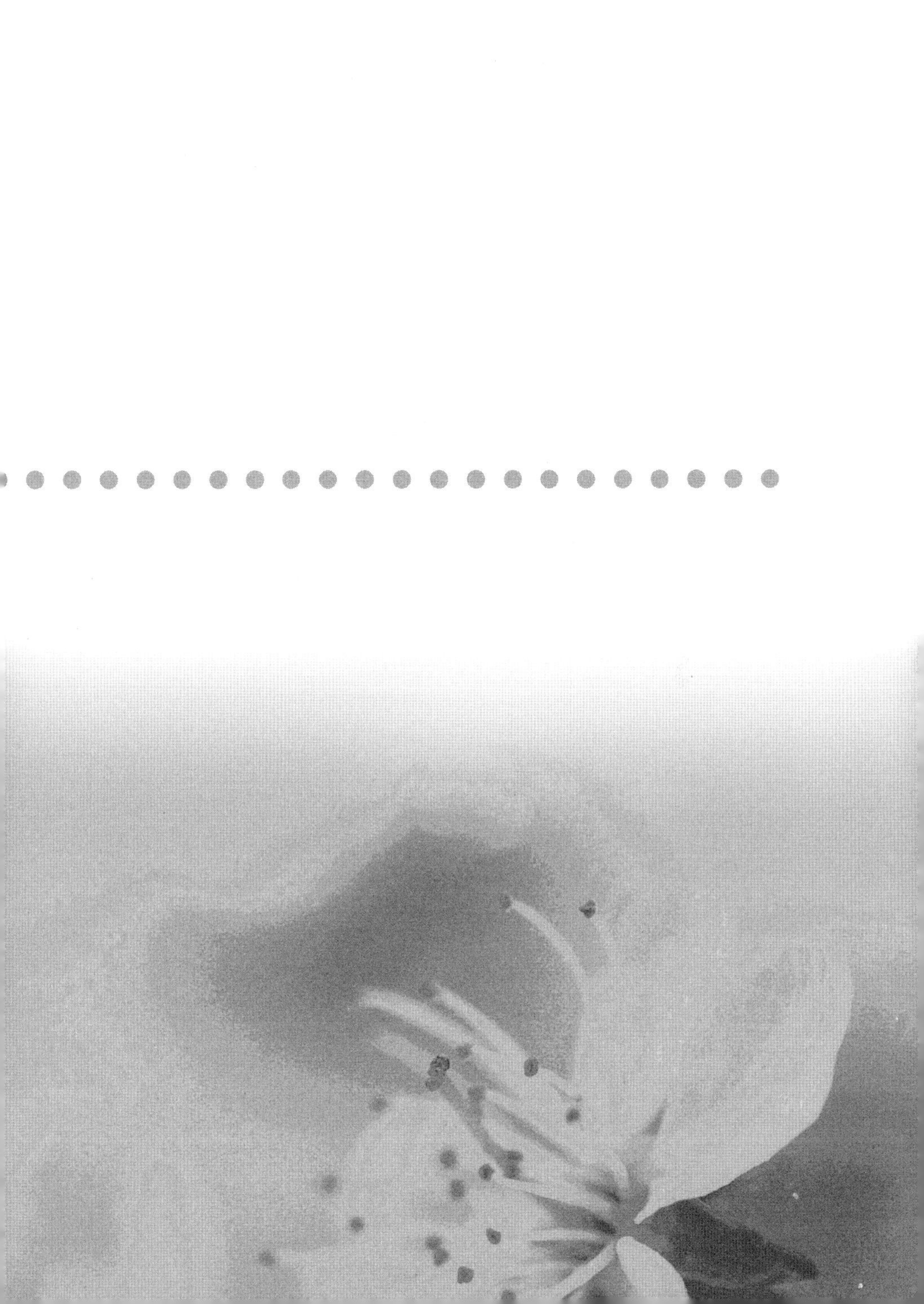

수 필

이 산골의 여름은

海谷 강 태 호

1. 이 글의 배경

1975년 8월이었다.

하숙 생활 자취 생활 친척 집 생활을 전전하며 대학을 졸업했다.

대학 졸업 후 경기도 시골 산골에서 공부할 때이다.

졸업은 했지만 고시 공부한다고 취직도 안 하고 저축해 놓은 것은 없고 서울에 있는 동생에게서 비용을 조달해야 하니 체면이 말이 아니었다. 그렇다고 중간에 포기할 수도 없었고….

서울에 한 번 나가려면 하숙비나 가지러 가고 그 외는 갈 일이 없으므로 아는 사람과 친구와 만나는 것도 한두 번이지 각자 자기 살기 바쁜데 특별히 연락할 일이 없어 괜히 외로운 느낌이 더해졌다.

하기야 서울에 있다 해도 사실 자주 만날 수도 없고 만날 일도 별로 없었다.

괜히 멀리 떨어져 나와 있으므로 기분상 정서상 외로움이 약간 더하고 그리움이 더 할 뿐이었다.

그해 여름 서울에 나갔다가 산골로 돌아오는 길에 산골로 들어가기는 싫고 하숙집 저녁 식사 시간 맞추어 들어가야 하는데 시간은 아직 많이 남아 있고 해서 C 은행 중랑구 중랑교지점에 다니고 있는 여성 후배를 무턱대고 아무 연락도 없이 찾아가 만났다.

아마 그 건물 지하다방이었던 것 같다.

재학시절 학교 친목 동아리 회원으로서 후배회원이었다.

커피를 한잔 대접받으면서 꽤 한참 동안 대화를 주고 받았다.

여러 가지 진로문제 결혼 문제 등등….

자기는 은행원이지만 아버지는 지방 군수를 몇 군데 거치고 퇴직하여 지금은 가정에 계시고 오빠 한 분 그래서 형제는 일남 일녀 남매뿐이라고….

이런 얘기 저런 얘기 시간 좀 보내다가 대접만 받고 그냥 와놓고 보니 선배로서 미안한 생각도 들었다.

몇 주쯤 지났을까, 그 후배에게 편지를 보내주었다. 지나온 여름을 배경으로….

후배 여성인데 호칭이 마땅치 않아 그냥 아래처럼 성이 김 씨이므로 김 후배라 하여 보내주었다.

2. 후배에게 보낸 편지

김 후배! 이 산골의 여름은….

갑자기 찾아가서 커피 잘 대접받고 유익한 대화 나누고 고마웠습니다.

내가 이 산골로 들어올 때는 아무에게도 말없이 훌쩍 떠나와 버렸습니다.

여기는 인간의 세상과는 멀리 떨어진 어느 이름 없는 산골,

물론 여기도 여름의 계절이지만 이곳의 우리는 결코 나그네인가 봅니다.

힘에 겨운 세상이 하도 무더워 모든 것을 제치고 훌쩍 떠나왔지만, 사회와 대중과 군중으로부터 도피와 현실의 회피자라는 이름은 이 순수한 자연으로부터 부여받은 누명은 아닌 것 같습니다.

세속의 와중과 공해와 잠시 작별해 훗날의 재회를 결심하고 찾아온 이 산골은 나의 속된 마음을 감싸 주고 속화俗化된 인간의 서정抒情을 순화純化의 샘으로 인도하는 것 같습니다.

떠나 올 땐 그래도 얘가 하고 싶었지만 떠난 후의 하찮은 여운을 남기고 싶지 않았고, 무엇인가 나의 아쉬움만 남기고 떠나는 것이 그렇게 싫

지도 않아서였습니다.

이 산속에 찾아온 지 4개월이 되어갑니다.

한동안의 장마가 개인 이 여름날의 하늘은 한층 시원하고 맑은데 산골의 여름은 이제부터 시작되는 오후의 한나절입니다.

숲속의 매미와 이름 모를 벌레들은 그들의 세상인 여름을 만끽하는데, 산기슭에 매어둔 황소는 기나긴 여름의 더위와 권태를 울음으로 하품하고 있는 시간인 것 같습니다.

창밖 뜰 가엔 호두나무와 대추나무가 무성히 열매를 가꾸며 오솔길의 드문 행인들을 구경하는데, 숲속의 이야기들을 간직하고 흘러오는 시냇물은 복잡한 세상을 구경하기 위해 바쁘게 가는 듯 재잘대며 즐거운 모양으로 흘러가고 있습니다.

닳고 닳은 아스팔트 길을 살아온 우리 속인은 자연의 주인은 될지언정 그들의 순수함은 따를 수 없나 봅니다.

단정하고 곱게 자란 집 뒤의 은행나무는 자기의 열매와 아름다운 노란 은행잎을 자랑할 가을을 기다리는데 알밤을 보물같이 간직하며 기르는 밤나무는 아직은 바빠야 할 여름인가 합니다.

한가로이 풀을 뜯는 가축들에겐 평화를 읽을 수 있었지만, 저 멀리 아스팔트 길을 달리는 자동차들은 발사된 화살과도 같이 나의 마음을 조급하게도 합니다.

처마 밑 어린 제비 새끼들은 엄마가 물어온 먹이에 노-오란 주둥이로 환희의 함성을 지르며 생명의 애착과 삶의 몸부림을 절규의 소리로 들리게 합니다.

이른 아침 우리를 깨워주던 꾀꼬리들은 더위를 피해 숲속으로 들어가 젊음을 즐기는 노랫소리가 산골을 가늘게 메아리칩니다.

김 후배!

한낮 오후엔 깊은 계곡의 작은 폭포를 찾는답니다.

권태와 피로와 마음속에 누적되는 세속의 때를 씻어버리고자 떨어지는 폭포와 함께 무희舞戲를 즐기노라면 자연에 동화되어 한동안 이 숲속에 묻힌답니다.

더 깊은 산골로 계곡을 따라올라 들어갑니다.

인공人工의 소리 즉, 세상의 소음과 잡음을 들을 수 없는 실로 숲속의 나라, 이 자연의 숨소리에 여기 한 인간 소인의 귀를 맡겨 본답니다.

정처 없이 황막한 사막을 방랑하며 춤과 노래를 팔고 살아가는 저 구라파의 집시들처럼 차라리 자연의 정서를 먹고 자연과 더불어 살며 숲속을 헤매는 이 조그만 산골의 집시가 되고 싶답니다.

인간사회의 현실과 인간의 낭만, 이것은 차라리 불만과 우수를 자아내면서도 항변과 저항을 감싸고도는 인간 세계의 엄연한 현실이면서도 위안의 존재인지도 모르겠습니다.

어쩌다 우리 인간은 사고하는 이성과 느끼는 감정을 부여받아 이토록 행복한 문학적인 정서와 번뇌를 먹고 사는 동물인지도 모르겠습니다.

삶과 낭만이란 이원異元적인 현상의 도착倒錯된 세계에서 우리는 늘 즐거운 몸부림을 당해야 합니다.

허파 가득 숨을 들이켜 이 푸른 숲속에 내뿜어 봅니다.

여름이 가기도 전에 떨어져 버린 낙엽을 주워 나무에다 갖다 대어도 봅니다.

'붙을 수 없는 것을 굳이 붙이려 하지 말자'

이것은 절대자의 섭리인 것을….

주어진 인생에 내 던져진 현실,

못마땅한 세태를 맘껏 째려보라.

세상은 너에게 어떤 응시凝視를 보내주는가.

대 자연의 역사 속에 물거품泡沫 같은 우리 인생을 이 자연의 평범한 과정에 과중한 의미는 부여하지는 말자.

그래도 우리는 끊임없이 진리를 발견하며 그것을 소유하는 자나 대자연의 역사의 한 조각에 불과할진대 그래도 우리 인간은 만물의 영장이 아닌가!

작열하는 태양이 고개를 숙이면 계곡이 보내온 바람은 제법 시원합니다.

논(畓)둑의 뜸부기는 석양을 알려주고 개울가의 염소는 주인을 부르며, 밭에서 돌아오는 아낙네들의 발걸음 소리와 이야기 소리가 잠깐의 적막을 메워 줍니다.

내려다보이는 마을에 밥 짓는 하얀 연기가 깔리면 마을의 집들은 흡사 하얀 바다 위에 떠 있는 배들과도 같답니다.

어쩌면 우리 인간은 저마다의 삶의 배를 가지고 인생을 항해하는 항해사인지도 모릅니다.

오늘따라 늦게 돌아왔습니다.

이 넓은 천지에서 이 좁은 내방에 문틈으로 찾아온 석양의 햇살, 오늘 하루의 일력日歷을 붉고 가냘프게 비춰줍니다.

하루라는 제한된 생명이 이 벽에 애처롭게 매달려 있습니다.

머지않아 석양이 산 너머로 숨어버리고 자정이 되면 이 일력의 생명도 끝이 나는 겁니다.

영원을 생각할 줄 아는 우리 인간의 제한된 운명은 슬픕니다.

저녁 식사 후 집을 나와 뒤쪽으로 나오면 산 능선이 나오는 좁은 오솔길이 있답니다.

능선 너머 마을을 이어주는 길이기 때문에 종종 사람들이 오가곤 하지요.

좁은 길가엔 키 큰 옥수수들이 늘어 서 있고 산길로 들어서면 우거진 숲속의 길이랍니다.

저녁 식사 후엔 즐겨 찾지요. 아주 낮은 산 능선에 오르면 건넛마을이 보이고 석양에 물든 서쪽의 먼 산과 하늘은 그렇게 아름다울 수가 없으니까요.

직선과 직각으로 이루어진 도시의 빌딩과 번갯불처럼 반짝이는 네온사인은 인간의 마음을 욕심과 허영과 환락으로 유혹하지만, 이 아름다운 저녁노을만큼 우리의 마음을 순화시키고 감정을 풍부하게 하지는 못할 것입니다.

돌아오는 좁은 길에는 어느새 산비둘기들이 내려앉아 아름다운 석양을 온몸에 받으면서 서로의 애무를 즐기는 것을 부럽게 볼 수 있답니다.

산속의 산새들도 세월과 사랑을 즐기는데, 좁은 길가에 서서 사랑과 애무를 즐기는 비둘기들을 구경만 하고 서 있는 옥수수만큼 이 마음 심히 괴로워진답니다. 왜냐하면 옥수수는 이가 나기 전에 수염이 먼저 나기 때문이라고 하지요.

"지금만이 당신의 시간이다.
살자!
사랑하자!
마음을 다하여 일하자.
내일이 있다고 믿어서는 안 된다. (장꼭도의 시 '인생' 에서)"

내 방에 돌아와 거울 앞에 조용히 서 봅니다.

오늘을 돌이켜 보고 나를 읽어 봅니다.

오늘의 의미는 무엇인가 생각도 해 봅니다.

현대를 사는 인간은 전쟁터의 병사, 우리의 삶은 투쟁의 연속. 문명의 공해에 파란하늘은 검게 그을리고 이 산골의 청정수는 자신도 모르게 오염된 강물로 흘러가고 있습니다.

보이지 않는 무기로 투쟁하는 병사들, 정치와 전쟁과 사랑과 삶!

이것들은 우리 인간만의 특권이나 전쟁은 자멸의 핵무기인지도 모릅니다.

그래도 우리는 고독한 군중의 사회 속에서 살아야 하며 웃고 울며 이 인생을 여행하는지도 모릅니다.

오늘의 철학은 이원異元적인 세계의 구원보다는 급박한 현실의 와중을 해쳐 나가는 또 하나의 무기, 때문에 사회는 우리가 생각하는 이상으로 얄팍하고 야릇한 것인지도 모르지요.

세속을 살아갈 道(?)를 닦기 위해 순수하고 근엄한 대자연 속으로 찾아온 나는 어찌 이 자연 앞에 죄스럽지 않겠습니까.

이곳은 나와 같은 자들이 모여 있는 세칭 고시촌, 이들은 나와 팽팽히 맞서야 할 라이벌(rival)이요 이상의 동지들이랍니다.

적과 동지의 이중적 신분의 소유자이어야만 하는 그야말로 모순투성이의 인간 세계,

어쩌면 우리는 자기모순의 숙명을 인정하고 살아야 하는 고달픈 존재인지도 모릅니다.

호 호 우습군요!

평범한 것들을 뭐 그리 대단하다고 새삼스레 열 올리며 의미를 부여하는 나 자신이 퍽 우습군요!

김 후배!

라디오에서 흘러나오는 구슬픈 유행가에 귀를 맡기고 마을에서 피어오르는 저녁연기와 안개에 내 마음을 스쳐 간 사람들의 영상을 그려 봅니다.

웃고, 화내고, 다투고, 미워했고, 존경하고, 좋아했던 사람들, 손을 꼭 쥐어도 보았고 호흡을 같이했으며 대화를 즐겼고 나의 체중을 맡겨도 보았던 여인들….

마음속에 새겨진 사람들, 잊은 자들, 잊혀진 사람들.

신으로부터 인간에게만 부여된 특권인 사랑을 지금껏 못해본 것은 슬픈 일입니다.

'날개 달린 천사가 부러워하며,
세상 사람들이 해 오던 평범한 사랑,
그 이상의 사랑을….
나와 애나 벨리는 그런 사랑을 했었다.
*('애드가 엘렌포우' 의 시 '애나벨리' 에서)'
사랑을 원한다는 것은 고독을 알면서부터일 거다.

언제부터 나는 외로움을 알았고 사랑을 원했던가.

아직껏 사랑을 해보지 못한 것은 더없이 외로운 일입니다.
오직 혼자뿐인 신이기에, 혼자라는 것은 외로운 존재이기에 우리 인간에게만은 사랑의 특전을 부여했는지도 모릅니다.

김 후배!
한여름 산골의 밤은 다가옵니다.
이젠 창밖엔 검은 어둠이 깔리고 내방의 희미한 등불은 작은 벌레들의 환희가 되어줍니다.
나의 작은방을 둘러보아도 지난 6년간의 나그네의 길을 같이해온 책과 가방, 그리고 외로움만이 나와 함께 할 뿐 아무도 없는 방입니다.
지금 이 시각 내가 누릴 수 있는 것은 오직 고독의 자유!
시원한 밤공기의 귀뚜라미는 가을을 재촉하는데 은하수는 아직도 동(東)과 서(西)를 흐르고 있습니다.
밤이 점점 깊어갑니다.
오늘의 하루가 옛날로 마무리되어갑니다.
인제 그만 오늘을 정리해야겠습니다.
오늘 흩어진 나의 머리를 다시 단정히 빗고 호젓한 나의 침실로 나의 마돈나를 꿈꾸면, 애절한 사랑의 전설을 들려주던 숲속의 두견새는 또 하나의 전설을 엮어가며 깊은 숲속으로 사라져 간답니다.
다시 만날 재회를 기대하며 오늘은 이만 붓을 놓습니다.
안녕히 계십시오.

경기도 어느 산골에서.

3. 산골에서 서울로 오다.

2년 후 가을 어느 날 오후 무교동 낙지집에서 그 여자 후배와 동기생인 남자 후배를 만나서 한잔하고 있었다.

나는 아직 백수인데 그 후배는 대기업에 다녔다.

모두가 대학 다닐 때 친목 도모를 위한 써클 즉, 친목동아리 회원들이었다.

한 1년에 세네 번 야유회도 가고 등산도 하는 참 재미있고 의미 있는 동아리였다.

저명인사를 초청하여 학생들을 대상으로 교양강좌도 개최하고 유명가수들도 초청하여 학생들의 정서함양과 휴식의 여유도 제공하였다.

D 대학교의 양주동 박사, S 대학교의 안병욱 교수, Y 대학교의 김형석 교수, 그리고 가수로는 서수남과 하청일, 그리고 작곡가 전석환(?) 기억이 나지 않지만 유명한 기타리스트 등을 우리 동아리에서 초청하여 행사를 치렀으니 사실은 학생들의 교양교육과 정서함양을 위하여 학교 당국에서 해야 할 일들을 우리 동아리에서 했으니 지금 생각하면 대단했다는 생각이 들었다.

그 당시 나는 2학년 저학년이라 우리 동아리의 학예부장을 맡고 있어서 교양강좌 초청안내문을 내가 작성하고 인쇄하여 학생들에게 배부한 기억도 난다.

옆 테이블에서 피어오르는 담배 연기는 안개구름처럼 우리 둘의 얼굴 사이를 지나갔다.

술집에 온 지 꽤 오랫동안이라 하고 싶은 이야기는 어느 정도 다하고 술잔만 비우며 미소를 지을 뿐 별 의미 없는 미소 지으며 서로 마주 보고만 있었다.

이런저런 이야기 친구 이야기 세상 사는 이야기 등등….

만나본 지 꽤 오랜만에도 출출한 빈속인데도 안주는 별로 먹지도 않고 소주를 몇 병쯤 마셨는지 정신은 어느새 몽롱해지고 알딸딸해지고 있었다.

내가 그 여자 후배를 묻지도 않고 그 후배 이야기를 꺼내지도 않았는데 할 얘기 없어 무료했던지 나에게 이야기를 해 주었다.

'선배님! 우리의 동기인 여학생 그 김 00 있죠?

'음, 그래 왜?'
'결혼을 잘 했대요.'
'어! 그래? 어떤 사람하고 했는데?'
'돈 잘 버는 의사하고 결혼했대요!'
'그랬어?'
'네!'
'잘 했구먼.'

그냥 만나서 할 얘기가 없으니까 했겠지….

나 혼자 순간적으로 나 자신에게 반문했다.

'돈 잘 버는 의사하고 결혼하면 잘 하는 것인가? 사랑하는 사람하고 해야지.'

모르지, 나에게 말해 주는 그 후배가 그 여자 후배를 생각하고 있었는지….

그냥 마음속으로 축하해 주었다.

4. 필자가 교직을 선택하게 된 동기

그 후배는 법학과인 나의 1년 후배였는데 나는 제대 후 대학에 들어와 나이 차이가 많아 깍듯하게 선배님이라 한 것이었다.

그 후로 그 후배는 그 회사를 그만두고 어느 사립 여학교로 갔었다.

같은 학교에서 근무하는 영어 여교사와 결혼 했단다.

다시 국립명문 S 대학의 대학원에서 경영학 석 · 박사학위를 취득하고 중기업 CEO로 취직해 다니다가 다시 국가연구기관의 연구원으로 다닌다는 소식을 다른 후배를 통해서 들었다.

나는 사실 서울시 행정직 말단공무원으로 근무하다가 그만두고 사법고시를 준비한다고 지방의 고시촌이나 산속의 사찰로 꽤 헤매고 다니며 공부했었다.

왜냐하면, 고시생들은 한곳에 오래 있지 않고 환경을 바꾸기 위해 종종 옮겨 다니기 때문이었다.

사실 나는 그 후배로 인하여 교직의 길로 가게 되었는지도 모른다.

왜냐하면, 그 후배와 술을 한잔한 후 사립중학교로 가고 난 후 1년 정도 지났는지 나는 산골에서 서울로 나와서 시내에서 볼일을 보고 서울 동대문구 제기동 하숙집으로 귀가하던 중 우연히 청량리행 지하철 안에서 우연히 만나서 이야기하는 중에 자기는 회사를 그만두고 중학교로 갔다면서 중등교사 초봉 본봉이 행정고시 합격한 사무관의 초봉 본봉보다 많다는 것이었다.

나에게 교직과정을 이수했느냐고 물었다.

기억을 더듬어 보니 1학년 수강신청 기간에는 철학과 교육학이 교양 선택과목이었는데 교육학과 교수님께서 적극적으로 권유한 기억이 났었다.

교육학을 선택하고 2학년부터 교직과목을 이수하면 중등 2급 정교사 자격증을 취득할 수 있는데 나중에 학교로 안 가도 자격증 하나 따 놓으면 안 좋을 것 없으니 교육학을 신청하라기에 교직과정을 신청하고 이수하여 자격증을 따게 되었다고 했더니, 잘 됐다고 하면서 기약도 보증도 없는 것에 매달리지 말고 다른 조직사회보다는 자유스럽고 편하며 교육자의 길이 보람도 있고 좋은 것 같다는 것이었다.

또한, 나는 행정직 공무원 생활의 경험이 있기 때문에 공무원조직사회의 속성과 분위기 그리고 공무원의 생리랄까 그런 것을 어느 정도는 알고 있었다.

그래서 국가에서는 일반직 공무원보다 교육공무원을 더 예우해준다는 느낌이 들고 나이는 32세가 다 되어가고 마음은 조급해지고 하여 서울의 공립중등교사 순위 고사 일반사회과에 응시하여 수석으로 합격하여 교직의 길을 가게 된 것이었다.

내가 만일 지하철에서 그 후배를 만나지 않았다면 나는 어떻게 되었을까 하는 생각도 해 보았다.*

에필로그 Epilogue

海谷 강 태 호

'강태호 시집 봄바람' 에 이어

'강태호시집2 미소 짓는 흉상胸像' 을 출간하였다.

본인은 한마디로 미학美學의 시인이라고 하고 싶다.

하기야 詩 자체가 美를 창조하는 인간의 창작품이고 인간의 활동 중에서,예술 활동이란 미의 창조를 목적으로 하는 활동이기 때문에 詩란 인간의 예술 활동의 한 분야로서 인간의 이상과 낭만의 세계를 글로서 운율적으로 창작해 놓은 창작품이라 할 수 있는 것이다.

물론 인간의 예술 활동이란 미의 창조를 목적으로 하는 음악 · 미술 · 문학 · 스포츠 등을 포함하는 활동이라 하겠다.

그래도 본인은 미학의 시인이라 하고 싶다.

시인도 천차만별의 시인들이 존재하기 때문에 정치성, 이념성, 哲學性, 역사성, 민족성 등의 시들이 많이 존재하므로 미학의 시인이라고 구분해 보는 것이다.

하기야 본 詩의 내용을 관찰해 보면 정치성, 이념성, 민족성 등의 내용이 전혀 없는 것은 아닐 것이다. 그래도 강태호 시인은 미학의 관점에서 시를 끝내고 마무리 하는 점을 엿 볼 수 있을 것이다.

인간의 세계를 그리고 시의 세계를 긍정적이고 희망적이고 미래지향적으로 인간의 현실세계와 시의 세계를 아름답게 보고 아름다운 세계로 이끌고 그리는 시 창작의 노력을 했기 때문이다.

이미 출간한 강태호시집 봄바람에도 미학의 제목이 있는 詩도 여러 편 있는 것을 보아서도 알 수 있겠지만 강태호시인은 시의 세계를 否定的으로 批判的이고 悲觀的인 시보다는 樂觀的이고 未來指向性으로 希望的으로 우리 인간에게 미래의 희망과 우리 인간의 아름다운 세계와 행복을 꿈꾸고 행복해 할 수 있는 시 창작의 세계를 엿 볼 수 있음에 매우 긍정적이고 희망과 미래지향성의 시인임을 알 수 있을 것이다.

그래서 우리 인간의 정체正體Identity는 결국 아니 궁극적으로는 행복하기 위한 존재라 할 수 있다.

우리 인간은 태어나서 한 평생 가능하면 행복하게 살다가 가는 것이 우리 인간의 바람이요 우리 인간의 꿈일 것이다.

우리 인간의 행복의 조건은 인간마다 사람마다 각각 다르고 천차만별이겠지만, 몇 줄 안 되는 소박한 시 한 편을 읽고 감상하여 감동하고 만족해한다면 그 독자는 그 순간 그 시간은 행복을 느끼고 행복한 시간과 하루가 되면 행복한 사람이 될 것이다.

인간의 행복은 먼 데 있는 것도 아니고 그렇게 큰 것도 아니라는 것은 이 시집을 탐독하는 독자라면 아니 평범한 우리 소 시민이라도 충분히 행복해 할 수 있는 것이기 때문이다.

굳이 과거에 매달리어 부정적으로 비판하고 괴로워하며 현실을 부정적으로 비판하고 비관하는 것 보다는 어차피 현실은 이미 지나간 과거가 되는 것이므로 보다 더 가능하면 긍정적이고 희망적이고 미래 지향적으로 보고 평가하는 마음의 안목과 자세를 기르고 갖추는 것도 우리 인간이 행복 할 수 있는 조건을 갖추게 되는 것이라 하겠다.

자연과 인생에 대한 관조 및 미학, 자연과의 통합

姜笑耳(시인)

1. 들어가는 글

강태호 시인의 첫 번째 시집「봄바람」평설을 필자가 쓴 게 2019년 5월의 일이다. 4년의 세월이 흘렀다.「봄바람」은 예리한 서정, 그리움의 미학, 군 시절에 대한 그리움과 은유, 이미지가 뛰어난 시편들과 현실을 풍자하고 비판하는 시가 주를 이루었었다. 그 시집도 많은 독자들에게 공감과 사랑을 받은 것으로 알고 있다.

시인의 생명은 끊임없는 창작 활동에 있다. 뛰어난 감수성과 예리한 비판의식으로 현실을 풍자하고 비판하는 것도 시인의 사명 중에 하나다. 4년 만에 두 번째 시집 「미소짓는 흉상」을 묶는다는 연락이 왔다.

강 태호 시인은 끊임없는 열정으로 시의 촛불을 밝히며 시와 함께 시를 지팡이 삼아 존재감을 충전해오고 있음이 역력했다. 좀 더 다듬어서 원고를 보여주겠다고 몇 달을 미뤄오던 원고를 넘겨받은 날, 기쁜 마음으로 시를 몇 번씩 통독하느라 새벽이 되는 줄도 모를 지경이었다.

연세가 꽤 높으신데도 시 창작에 몰입해온 노고의 발자국을 읽을 수 있었다. 사회 현실과 세태에 대한 풍자를 담아낸 시들도 몇 편 있다. 한자어와 관념어의 나열로 현학적인 모습을 보이는 시들도 있다. 현대 시가 갖는 난해성이라든가, 언어의 기교가 거의 없이 가르치고 설명하는 투의 직설적인 표현들도 보인다. 오랜 교직 생활과 행정과 법을 전공한 분답게, 경직된 패턴이 굳어진 시들도 몇 편 있다.

그러나 동전의 양면처럼, 대부분의 시들은 서정과 이미지, 일상생활에서 느낀 소회와 감상, 삶에 대한 철학적인 관조, 생명에 대한 철학성이 강태호 시인의 시 세계로 일축된다. 특히 사물과 자연 혹은 추상적인 관념에 대해서도 미학을 찾아낸 시 세계가 독특하다. 문학적으로 손꼽힐 만한 작품들의 면면을 살펴보도록 하겠다.

2. 시편 들여다보기

가. 미학(美學)의 시편들

미학이란 무엇일까? 미학의 사전적인 의미는 자연이나 인생 및 예술 따위에 담긴 미의 본질과 구조를 해명하는 학문이다. 쉽게 말해서 아름다움의 본질을 연구하는 학문이다.

고전 미학은 미의 본질을 묻는 형이상학이어서 플라톤[3]과 마찬가지로 영원히 변치 않는 초감각적이고 절대적인 존재로서의 미의 이념을 추구했다. A.G.바움가르텐[4]은 감성적 인식의 완전한 것을 의미하는 것에서 출발하여 근대 미학의 방향을 개척했다. 페흐너[5]는 심리학의 입장에서 미적 경험을 탐구하려는 실험미학을 주장하기도 했다.[6]

이러한 철학으로써의 미학의 개념을 강 태호 시인은 여러 편(16편)의 시로 창작해 냈다. 〈동백꽃 미학〉, 〈인구학의 미학〉, 〈동물 사랑의 미학〉, 〈윤회의 미학〉, 〈반추의 미학〉, 〈관조의 미학〉, 〈묘지의 미학〉, 〈프리즘의

3) 고대 그리스의 철학자, 객관적 관념론의 창시자. 소크라테스의 제자이며 아리스토텔레스의 스승
4) 독일의 철학자이며 독일 미학의 창시자, 미학을 철학 속에 포함시킴. 감성적 인식에 의한 미학을 오성적 논리학에서 구분해 냄
5) 독일의 과학자, 철학자. 만물은 모두 물질과 정신을 갖고 있다는 범심론, 정신물리학을 주장함.
6) 두산 백과

미학〉, 〈봄의 미학〉, 〈낚시의 미학〉, 〈무궁화의 미학〉, 〈돈의 미학〉, 〈장미꽃 미학〉, 〈바람의 미학〉, 〈해당화 미학〉, 〈현대시의 미학〉이 그것이다. 동백꽃이나 무궁화, 장미꽃, 해당화는 꽃이니, 꽃에서 아름다움을 찾아내고 감성적으로 꽃의 아름다움을 인식하는 것은 페흐너의 미학 이론대로 큰 무리가 없어 보인다. 위의 꽃들이 갖고 있는 나름대로의 아름다움을 인식하고 나름의 미의 가치와 의미를 예민한 감수성으로 시로 형상화했다고 이해하는 데는 무리가 없다. 그러나 윤회, 반추, 관조와 같은 추상적인 관념어에 대해 미학을 부여하여 시를 써낸 것은 범상치 않은 일이다. 바람, 프리즘, 돈, 현대시는 일반인들도 아우라를 떠올릴 수 있는 기표들이므로 그것들에 미학적인 가치를 시로 부여하는 것도 쉽게 이해할 수 있을 것 같다. 강 태호 시인은 〈에필로그〉에서 "본인은 미학의 시인"이라고 했다. 강 시인의 미학의 세계를 면면히 들여다보기로 한다.

1) 꽃(동백꽃, 무궁화, 장미꽃, 해당화)의 미학

아름다움을 추구하는 것은 인간의 본능이다. 아름다운 자연의 풍경과 아름다운 꽃이나 여인을 갈망하는 것도 인간의 본성일 것이다. 그런데 강 태호 시인은 다른 사물과 현상들 중에서 꽃의 아름다움에 몰두한 이유가 무엇일까? 아름다움과 선함과 진실은 하나로 통하는 동궤同軌다. 아마도 강 시인의 진실과 선을 갈망하는 심성이 아름다움을 추구하는 정신에 닿고 있는 것은 아닐까?

동백꽃 미학 The Esthetics of Camellia

'순결하고 비밀스럽고 진실한 사랑으로 기다림' 의 꽃말 동백꽃

계절에도 세월에도 추위에도 한결같이

高潔하고 優雅하고 淸雅한 청록의 품위를 유지하며
대부분의 꽃은 봄에 피는데 너는 유별히 겨울에 피는 꽃
애타는 비밀스러운 사랑으로 기다림의 꽃
너의 빨간 꽃잎은 정의와 정열적인 사랑과 정조
그 속의 노란 꽃술은 진솔한 사랑만 받아 맞이하는
高次元의 특수한 사랑

그래서 꿀벌과 인간의 후각을 유혹하는 꽃의 향기는 없어도
'동박새' 와 '직박구리' 에게만
꿀을 주어 열매 맺는 조매화鳥媒花의 꽃
너의 색다른 사랑의 志操와 貞節의 꽃

針葉도 아닌 闊葉으로 酷寒과 暴雪에도 인내하여 靑綠의 貞操로
사랑을 기다리는 너 冬栢나무 동백꽃
너는 애타는 사랑의 기다림도 색다른 기다림의 꽃

너 동백꽃은 俗世의 世人들에게도 특이한 사랑과 認定을 받고
사랑의 순결함과 고결함의 귀감이 되는 동백꽃
너의 靈的 사랑의 香氣는
드높은 하늘까지 세월의 전설로 晴明하고
高潔한 향기로 피어나는 꽃 너 동백꽃

– <동백꽃 미학 The Esthetics of Camellia> 전문

동백꽃을 소재로 시를 쓴 시인들이 꽤 많다. 강 시인이 위에서 언급한 것처럼, "대부분의 꽃은 봄에 피는데 너는 유별히 겨울에 피는 꽃" 이기 때문일 것이다. 이런 동백꽃의 특이성을 일찍이 고려 시대 이규보, 현대에 와서는 서정주 〈동천, 선운사 동구〉, 문정희〈동백꽃〉, 김초혜〈동백꽃 그리

움〉, 김용택〈선운사 동백꽃〉, 최영미〈서른 잔치는 끝났다〉 등이 있다.

동백 나무는 사시사철 푸르다. 가을과 겨울에 다른 나무들처럼 갈변하지 않는다. 해서 "高潔하고 優雅하고 淸雅한 청록의 품위를 유지하며" 라고 강 시인은 표현하고 있다.

"동백꽃이 피는 시기와 낙화의 특수성을 놓치지 않고, 강 시인은 동백꽃에서 미학을 발견해 내었다. 동백꽃을 흔히 두 번 피는 꽃이라고들 한다. 동백나무 위에서 한 번 피었다가, 꽃송이가 송두리째 나뭇가지에서 백설 위에 떨어져서 또 한 번 핀다는 것이다. 시인은 남들이 보지 못하는 것을 보고, 남들이 듣지 못하는 것을 듣는 예민한 감수성을 가진 이들이다. 동백꽃이 피고 지는 것을 무심코 지나치지 않고, 동백꽃의 미학을 발견한 강 시인의 예민한 감수성과 아름다움을 추구하고자 하는 시심이 놀랍다.

눈 속에 핀 빨간 꽃잎이 처절하도록 곱기 때문에, 강 시인은 "너의 빨간 꽃잎은 정의와 정열적인 사랑과 정조/ 그 속의 노란 꽃술은 진솔한 사랑만 받아 맞이하는/ 高次元의 특수한 사랑" 이라고 했다. 빨간 꽃잎 속에 노란 꽃술이 눈 속에 피어있다면, 색채의 대비가 돋보이는 아름다움을 자아낼 것이다. 정열적인 빨간 꽃송이는 꽃잎이 한 잎씩 지지 않는다. 칼날에 목을 댕강 떨구는 참수의 장면처럼, 꽃송이 전체가 단번에 꽃가지에서 툭 떨어진다. 그래서 일본에서는 동백꽃을 사무라이의 꽃이라고 일컫기도 한다. 구차하게 삶을 구걸하지 않고 사무라이들은 한칼에 목숨을 끝낸다.[7] 그런 이미지를 시인은 간파하고 있다.

또한, 동백꽃과 동박새에 대한 사연도 있다고 전한다. 두 아들을 대신하여 대신 목숨을 바친 한 아버지는 죽어 동백꽃으로 현신을 하였고, 두 아들은 동박새로 현신했다는 사연이 깃든 동백꽃과 동박새에 관한 사연이다. 자식에 대한 사랑의 깊이를 흔히, 부성보다는 모성애를 강조하는 게 대부

7) Naver블로그 인저리타임 참고

분이다. 그런데 동백꽃과 동박새 이야기는 비련의 깊은 부성애가 깃든 이야기다. "너의 색다른 사랑의 志操와 貞節의 꽃" 이며, "너는 애타는 사랑의 기다림도 색다른 기다림의 꽃" 이라고 했다. 연두색 동박새는 꿀을 찾아 다른 꽃을 찾아가는 일이 없다. 오로지 동백꽃만 찾아와 동백꽃의 꿀을 빨아 먹는다. 그래서 그 연두색 새의 이름은 동백의 동박새로 명명된 것으로 짐작된다. 동백꽃만 찾는 동박새를 "너의 색다른 사랑의 지조와 정절의 꽃" 이라고 했다. 엄밀히 말하면, 지조와 정조를 지키는 것은 동백꽃이 아니라, 동박새다. 그리고 동백꽃과 동박새의 사연은 "높은 하늘까지 세월의 전설" 이 되어, "晴明하고 高潔한 향기로 피어나는 꽃 너 동백꽃" 으로, "너는 애타는 사랑의 기다림도 색다른 기다림의 꽃" 이 되어 동박새가 찾아오길 기다리고 또 기다리는 것이다. 어쩌면, 자식을 기다리는 애절한 부모의 마음으로, 하얀 눈 속에서도 "계절에도 세월에도 추위에도 한결같이/ … 청록의 품위를 유지하며" 자식(동박새)이 찾아와주길 기다리고 기다리는 "너는 애타는 사랑의 기다림도 색다른 기다림의 꽃" 의 미학으로 강 태호 시인의 시에서 다시 피어난 것이 아닐까? 이 시를 여러 번 통독하다 보니, 자식이 찾아와주길 기다리는 부모님의 심정이 붉은 동백꽃 같을 것이라는 생각을 하게 된다. 눈 속에서도 피어, 사시사철 변함없는 청록의 품위로 "한결같이" 자식을 기다리는 부모의 마음. 어쩌면 자식을 다 출가시키고 혼자 남은 강 시인의 감정을 동백꽃에 이입하여 자식을 기다리는 애절한 마음을 표현한 것은 아닐는지 짐작해 본다. 위에서 언급했던 여러 시인들이 동백꽃에 대한 시를 읊었으나, 동박새를 기다리는 동백꽃의 미학을 "자식을 기다리는 부모의 심정으로 이입" 하여 쓴 시인은 없었다.

시는 사물들에게 말을 거는 일, 사물들이 걸어온 말에 화답하는 데서부터 시작한다고 해도 과언이 아니다. 위의 시 〈동백꽃〉에서도 동백꽃을 "너" 라고 지칭하면서, 동백꽃에게 말을 걸어 동백꽃을 정령화했다. 〈해당화의 미학〉과 〈장미의 미학〉에서도 두 꽃을 모두 "너" 로 지칭하면서 해당화와 장미꽃에게 말을 걸고 두 꽃의 미학을 찾아내려 했다. 사실 두 꽃은 모두 장미과에 속한다. 두꽃 모두 가지에 가시가 있고, 향기가 짙고 매혹적이어서 향수로도 기름(oil)으로도 쓰이는 공통점이 있다. 해당화는 바닷가에서 피고, 장미는 육지에서 핀다는 차이점이 있다. 해당화는 겸손하고 온화한 이미지와 '여인의 숨결, 미인의 잠결' 이라는 꽃말처럼 은은한 이미지의 꽃이라면, 장미는 강렬하고 도도한 이미지를 갖는 게 사실이다. 그런데 해당화와 장미꽃에 관심을 두고 두 꽃의 아름다움을 시로 형상화해낸 것이 강 시인의 아니마[8]라고 하겠다. 해당화에 대한 깊은 사유를 하기 위해, 택시 기사나 남성 시인들에게 "해당화를 본적이 있느냐, 해당화에 관련된 사연을 들어본 적이 있느냐?" 고 물었더니, "아니요. 꽃에 별 관심이 없어서…." 라는 답변이었다. 남성들은 주로 자동차나 축구, 야구, 경마 등의 스포츠나 사업 또는 돌격적인 일에 관심을 두는 게 대부분이다. 그게 남성성일지도 모른다. 그러나 강 태호 시인이 여러 꽃들에 관심을 갖고 꽃의 미학을 시로 써낸 것을 보면, 강 시인 내면에는 아름다움을 추구하는 여성성Anima이 강한 것임이 틀림없다. 부드러우면서도 온화한 문사文士의 면모일 것이다.

해당화海棠花 美學 The Esthetics of Sweetbrier

미인이 잠결에서 깨어난 듯한 清楚한 우아함의 해당화
한없이 저 넓은 바다 망망대해茫茫大海를 바라보며
해맑은 노란 꽃술의 너의 눈은 끝없는 대해의 시야를 품에 안고
드높은 창공의 바다의 향기를 마음껏 호흡하고
속세의 오염을 정화하는 염분의 바닷물을
섭취하는 바닷가에 자생하는 너 해당화

8) 남성이 지니는 무의식적인 여성적 요소. 칼 융의 용어. 고대 철학에서 생명, 사고의 원리가 되었던 영혼이나 정신

그래서 너의 기름과 향수는 중생들의 특별한 사랑을 받고

겨우내 웅크렸던 봄의 기운의
드넓은 바다에서 밀려오는 아지랑이 용솟음도
춤추며 속삭이며 꿈틀거리며
투명한 불길로 솟아오르는 기개도
미인의 잠결에서 깨어난 우아한 아름다움으로
바다와 창공의 청량함을
맨 먼저 맞이하고 차지하는 축복의 향유

무궁한 꿈의 하늘을 향하여

– <해당화 미학> 전문

해당화는 바닷가 짠 소금기 바람을 맞아가며 작열하는 태양 아래에서도 잘 자란다. 장미 향과 비슷하여 달콤하고 그윽한 향기를 갖고 있으며, 장미과에 속한 꽃으로써, 꽃잎에 주름이 있기에 주름진 장미라고 불리기도 한다. 해당화는 강 시인이 읊은 대로 "한없이 저 넓은 바다 망망대해茫茫大海를 바라보며/ 해맑은 노란 꽃술의 너의 눈은 끝없는 대해의 시야를 품에 안고/ 드높은 창공의 바다의 향기를 마음껏 호흡하고" 있다. 망망대해를 바라보며, 드높은 창공의 바다의 향기를 마음껏 호흡하고 있기 때문에 꽃의 이름이 해당화라고 이름 붙여졌다고 한다. 해당화에 얽힌 사연도 있다.

연인이 바닷가를 산책하는 도중, 폭풍이 몰려와 남성이 파도에 휩쓸려 죽게 되었고, 여인은 애인의 시신을 안고 울다가 그 자리에 죽어서 해당화 꽃으로 현신하여 애인을 기다린다는 이야기다. "미인의 잠결에서 깨어난 우아한 아름다움으로/ 바다와 창공의 청량함을// 맨 먼저 맞이하고 차지하는 축복의 향유" 미인이 죽음에서 깨어나 해당화를 현신한 우아한 아름다움으로 바다의 창공의 청량함(애인의 영혼)을 마음으로 맨먼저 맞이하

고 차지하는 축복 – 영원한 사랑으로 승화시켰다는 것이다. 그것을 축복의 향유라고 보았다. 해당화는 5월부터 7월까지 바닷가에서 핀다. 사랑하는 애인을 따라 죽어 영원히 그 사랑을 간직하려는 여인의 숨결처럼 온화하다. 짠 소금기를 품은 모진 바닷바람도 이겨내고 사랑하는 님을 향해 바다를 바라보며, "대해의 시야를 품에 안고/ 드높은 창공의 바다의 향기를 마음껏 호흡하고" 있는 것이다. 해당화 꽃에 대한 사연과 꽃의 생리를 잘 파악하고 해당화 꽃의 이미지를 미학적으로 그려낸 시편이다.

콜리지[9] 는 사상과 사물의 만남, 정신과 자연 두 세계를 연결하는 힘이 상상력이라고 했다. 상상력은 시를 창조해내는 창조 원리며 이미지를 창출해 내는 힘이다. 강 시인은 해당화의 노란 꽃술을 보며, "해맑은 노란 꽃술의 너의 눈은 끝없는 대해의 시야를 품에 안고/ 드높은 창공의 바다의 향기를 마음껏 호흡하고" 라고 상상해 내고 있다. "겨우내 웅크렸던 봄의 기운의/ 드넓은 바다에서 밀려오는 아지랑이 용솟음도/ 춤추며 속삭이며 꿈틀거리며/ 투명한 불길로 솟아오르는 기개" 라고 상상해 내었다. 바닷가를 여행하는 기회에, 해당화를 보게 되었다고 해도 대부분의 사람들은 "바닷가에 해당화꽃이 곱게 피어있네. 예쁘네" 정도로 생각하고 지나쳤을 것이다. 그러나 예리한 강 시인은 "해당화" 라는 사물에서 '기개' 라는 정신을 이끌어 내고 있다. "바다에서 밀려오는 아지랑이" 라는 사물을 춤추며, 속삭이며, 꿈틀거리며, 투명한 불길로 솟아오르는" 정령으로 활기를 불어넣는 상상력의 증폭을 보인다. 더 나아가 "무궁한 꿈의 하늘을 향하여" 해당화의 기개는 뻗어 나간다. 상상력의 폭발이다. 사물에게 말을 걸고, 사물에 대해 사유하는 시인의 시 쓰기 태도는 〈장미꽃 미학〉에서도 이어진다.

9) 새뮤얼 테일러 콜리지(Samuel Taylor Coleridge, 1772~1834))는 영국 시인, 비평가이다.

장미꽃 美學

빨간 장미꽃!
정열적인 사랑과 정절貞節
그리고 평화의 상징
장미꽃이,
몸부림스러운 수고로움으로
겸손의 無光澤의 아름다움을 다하여
겹겹이 피어나는 것은,
사랑을 매혹魅惑.fascinating하고 싶어서이다
장미꽃이,
너만이 황홀스러운 요염妖艶의 미소를 짓는 것은
사랑의 열매를 맺고 싶어서이다

장미꽃이,
너만의 빨간 정열로 활짝 피어 있는 것은
사랑을 붙들고 싶어서이다
장미꽃이,
너만의 노란 꽃술로 달콤한 향기를 피워내는 것은
사랑을 빼앗고 싶어서이다

장미꽃이,
너만의 가시를 가진 것은
너만의 순결純潔을 지키고 싶어서이다
장미꽃이,
너만이 씨앗을 숨기고 있는 것은
언제나 청춘이고 싶어서이다
언제나 청춘이고 싶어서이다*

*한국현대시13호.2015. 상반기 호. 중랑문학(2015.20호) 발표.

– <장미꽃 미학>

위 시에서 강 태호 시인은 "빨간 장미꽃 = 정열적인 사랑과 정절貞節, 평화의 상징" 이라고 정의하며 시를 시작하고 있다. 장미꽃은 다른 꽃과 달리, 가지에 가시가 있어서 만지면 손을 찔리기 일쑤다. 손을 찔러 아픔과 피를 내는 장미꽃을 평화의 상징이라고 한 이유는 무엇일까? 아이러니한 발상이다. 꽃잎이 "겹겹이 피어나는 것은, 사랑을 매혹魅惑.fascinating하고 싶어서" 이며, "장미꽃이 미소를 짓는 것은 사랑의 열매를 맺고 싶어서" 라고 했다. 또한, "장미꽃이 빨간 정열로 활짝 피어있는 것은 사랑을 붙들고 싶어서" 이며 "장미꽃이 노란 꽃술로 달콤한 향기를 피워내는 것은 사랑을 빼앗고 싶어서' 라고 했다. "장미꽃이 가시를 가진 것은 순결純潔을 지키고 싶어서' 라고 했다. 장미꽃이 씨앗을 숨기고 있는 것은 언제나 청춘이고 싶어서" 라고 했다.

가스통 바슐라르는 「몽상의 시학」에서 "이미지들에 주관적인 가치와 의미를 부여하는 것이 시인이 창조하는 의식과의 소통이며 시적 이미지는 의식의 기원이 된다." 고 했다. 바슐라르가 지적한 대로 강 태호 시인은 장미꽃이 겹겹이 피어있는 이유, 미소짓는 이유, 향기를 피워내는 이유, 가시를 지닌 이유, 씨앗을 숨기고 있는 이유에 대하여 각각의 의미와 가치를 부여하고 있다. 그것은 강 시인이 "사랑을 매혹하고 싶고, 사랑의 열매를 맺고 싶고, 사랑을 붙들고 싶고, 사랑을 빼앗고 싶고, 순결을 지키고 싶고, 청춘이 되고 싶은 시적 자아 열망의 기원이 아닐는지? 본인의 열망과 기원을 〈장미꽃 미학〉에 그대로 담아낸 것은 아닌지? 이미 나이는 들었지만, 장미꽃을 사유하며 장미꽃에게 말 걸기를 하고 있다. 시 쓰기는 곧 사물이나 자연물에게 끊임없이 말을 걸고, 하나 되는 합일을 추구하는 창작 활동이다. 정열적인 장미꽃을 보면서 자아의 염원(사랑을 매혹하고 청춘이고 싶은 기원)을 장미꽃에 투사하고 있다. 해서 시인은 시 속에서 늙지 않으며 언제나 청춘일 수 있는 것이다. 그것이 시의 힘인 것이다. 꽃의 미학은 동백꽃, 해당화, 장미꽃에 머물지 않는다. 비교적 개인적인 사유를 담은 꽃들에서 우리나라 국화(國花)인 무궁화로 강 시인의 사유와 정신의 폭은 확장

된다. 무궁화 전문을 여기서 다시 읽어 보자.

무궁화無窮花미학 The Esthetics of The Althea

무궁화 A Rose of sharon
극동아시아 韓半島 韓民族의 꽃
한민족의 민족성 한민족의 정체성正體性 Identity

꽃잎 속은 빨간 情熱로 응어리져 있고
꽃잎 끝은 순결을 상징하는 흰색의 꽃잎으로
파란 창공의 하늘을 향하고 있는 무궁화
하얀 꽃잎 속의 빨간 정열의 속내는
끈질긴 민족의 끈질긴 저력
평화를 사랑하는 그 꽃 무궁화는
우리 민족의 지성과 얼과 영혼이
혼합되고 압축되어 농축된 엑기스Extract

가지를 꺾으면 휘어져도 부러지지 않고
뿌리와 줄기는 분리되지 않고 소멸하지 않는
끈질기게 살아남은 한민족성韓民族性의 상징
비에도 젖지 않고 빗방울 미끄러지고
이슬은 머금고 자양분 되어 피어나
아침 햇살에 빛나는 무궁화
대륙과 세계, 그리고 우주를 향해
인류의 평화와 행복의 번영을 위해
웅비雄飛하는 한민족의 正體

– 무궁화無窮花미학

The Esthetics of The Althea <전문>

〈장미의 미학〉에서처럼, 〈무궁화 미학〉에서도 "무궁화 = 한반도 한민족의 꽃, 한민족의 민족성, 정체성" 이라고 무궁화를 이름 짓고 있다. 법학을 공부하고, 행정학 석·박사를 이수한 문사文士답게 그의 시는 사물을 명명하고 의미를 규정하곤 한다. 해서 규정적인 딱딱한 인상을 잠깐 갖게 된다. 그러나 곧이어 감성적인 뮤즈의 마법 같은 표현들을 쏟아 낸다. "꽃잎 속은 빨간 情熱로 응어리져 있고/ 꽃잎 끝은 순결을 상징하는 흰색의 꽃잎으로/ 파란 창공의 하늘을 향하고 있는 무궁화/ 하얀 꽃잎 속의 빨간 정열의 속내는/ 끈질긴 민족의 끈질긴 저력" 빨간 정렬, 순결의 흰색의 꽃잎, 파란 창공의 하늘, "하얀 꽃잎 속의 빨간 정열의 속내" 라는 시각적 이미지를 풀어낸다. 여기서 더 나아가 "비에도 젖지 않고 빗방울 미끄러지고/ 이슬은 머금고 자양분 되어 피어나/ 아침 햇살에 빛나는 무궁화" 가 된다. "비, 빗방울, 이슬" 과 같이 촉촉한 이미지를 끌고 와서 "아침 이슬에 빛나는 무궁화" 로 마무리 짓는다. 무궁한 발전을 염원하는 기원을 담아 무궁화라는 꽃의 이름을 정했다고 한다. 무궁화는 진딧물이 많이 끼는 단점도 지니고 있다. 그러나 강 시인은 국화國花인 무궁화의 긍정적인 면만 시에서 부각시키며 자신의 애국심을 한껏 〈무궁화 미학〉에서 그려내고 있다. 아침 햇살에 빛나는 무궁화처럼 대한민국이 빛나길 염원하는 기원이 담긴 시다. 지금까지는 네 가지 꽃의 미학을 그려낸 작품들을 감상해 보았다. 추상적이고 관념적인 것에 대한 미학을 그린 시들도 여러 편이지만, 그중에서 시적인 형상화가 돋보이는 〈바람의 미학〉과 〈봄의 미학〉, 〈윤회의 미학〉에 대해서만 살펴보기로 한다.

2) 바람의 미학, 봄의 미학, 윤회의 미학

바람의 미학美學

얼굴도 모습도 형체도 없는 바람

내 얼굴 내 가슴에 불어올 때
구름이 흘러갈 때 나뭇가지 흔들릴 때
외로운 여인의 치맛자락 휘날릴 때
떠나가는 여인의 머리카락 흩날릴 때

바람은 제 모습을 나타내고
나는 바람의 존재를 의식하고
봄바람이 불어올 때는 내 얼굴을 향하여
내 가슴을 향하여 안기고
떠나갈 때는 동경의 세계로 나를 밀고 이끌어준다
봄바람은 미풍으로 꽃을 피우고 사랑을 피우고
꽃과 사랑의 향기를 전해주고
나의 볼에 스킨십skinship도 해주고

바람은 가만있지 않고 역동적으로
움직이며 껴안고 사랑하고 시달리며 달리고
휘몰아치고 휘감고 휩쓸고 다니는 것
여름에는 매정한 폭풍우로
가을에는 미련 없는 메별袂別의 슬픔으로
쓸쓸한 낙엽으로 떠나가는 바람
겨울에는 휘몰아치는 폭설로
왔다가 흔적은 남기고 떠나가는 바람

바람은 세월과 계절을 누비고 떠나는 편력遍歷의 나그네
- <바람의 미학美學> 全文

위 시는 물이 흐르듯이 자연스럽게 차르르 흐르는 시인의 감수성의 흐름이 돋보인다. "얼굴도 모습도 형체도 없는 바람" 이다. 손에 잡히지 않는 무형無形이다. 그러나 "내 얼굴 내 가슴에 불어올 때/ 구름이 흘러갈 때

나뭇가지 흔들릴 때/ 외로운 여인의 치맛자락 휘날릴 때/ 떠나가는 여인의 머리카락 흩날릴 때" 시인은 바람을 인식한다. 얼굴과 가슴에 불어올 때와 구름 흘러갈 때, 나뭇가지가 흔들릴 때나 여인의 치맛자락이 휘날릴 때나 여인의 머리카락이 흩날릴 때 모두 바람의 존재를 인식한다. 형체 없는 바람의 존재를 강 시인뿐 아니라, 우리는 모두 위와 같을 때에 인식한다. 사실 바람이 부는 것은 고기압과 저기압의 차이, 즉 공기의 압력 차이에서 일어나는 기상 현상이다. 즉 지구 자전에 의한 전향력이 공기에 작용하기 때문이다. 지구를 둘러싸고 있는 대기의 순환과 대기 이동이다. 바람에 의해서 꽃씨가 전달되기도 하고, 바람에 의해서 간판이 날아가기도 하고, 불이 번지기도하고 여인들의 치맛자락이나 머리카락이 흩날리기도 한다. 그런데 강 시인은 "봄바람이 불어올 때는 내 얼굴을 향하여/ 내 가슴을 향하여 안기고/ 떠나갈 때는 동경의 세계로 나를 밀고 이끌어준다" 고 했다. 바람이 불어와 얼굴과 가슴을 향하기도 하고, "동경의 세계" 로 이끌어주기도 한다. 강 시인이 동경하는 것은 무엇일까? "바람은 가만있지 않고 역동적으로/ 움직이며 껴안고 사랑하고 시달리며 달리고/ 휘몰아치고 휘감고 휩쓸고 다니는 것" 이라고 했다. 역동적으로 휘몰아치고 휘감고 휩쓸고 다닌다는 표현이 재미있다. 그런데 "사랑하고 시달리며 달린다" 고 했다. 바람이 사랑을 한다니? 아마도 먼 곳에 떨어져 있는 님에게 "바람아 전해다오, 님에게 사랑의 마음을~~ " 과 같은 유행가 가사처럼, 이곳의 사랑을 저곳으로 전해주는 사랑의 메신저로서의 바람을 상상내었을 것이다.

또한, 바람에 의해 꽃가루가 이동하여 열매를 맺는 식물들(소나무, 벼, 사초과, 골풀과 식물들)에겐 바람은 사랑의 매개체이니 사랑하고 시달리며 꽃가루를 꽃가루받이에 전달하는 중매쟁이가 되는 것이다. 여기서 그치지 않고, 강 시인은 봄바람은 스킨십을 해주는 바람으로, 여름에는 매정한 폭풍우로, 가을에는 몌별의 슬픔으로, 겨울에는 휘몰아치는 폭설로 세월과 계절을 누비고 떠나는 편력의 나그네라고 보았다. 바람 = 편력의 나그네다. 대단한 은유metaphor다. 바람은 한 곳에 머무르지 않는다. 스쳐 지나간다. 나그네 또한 한 곳에 머무르지 않고 길을 떠다닌다.

바람에 대한 사유를 봄, 여름, 가을, 겨울의 계절 순환에 따라 바람의 양태와 역할이 바뀜을 그려내고 있다. 탄력적인 사유의 깊이가 깊은 수작秀作이라고 하겠다.

봄바람이든 여름 바람이든, 가을 바람이든 일반인들은 그것에 대해 깊이 사유하지 않는다. 매서운 겨울 바람이 불면 옷을 두껍게 껴입는 것으로 자신의 주변을 보호하는 것에만 신경을 쓸 것이다. 우리 생활 주변에 늘 부는 바람에 대해서 깊이 사유하며, 다각적으로 인식하고 바람(자연)에게도 말걸기를 하고 있는 강 시인의 태도는 시인됨의 참된 면모라고 하겠다.

〈봄의 미학〉에서도 강 시인은 해마다 오는 봄마다, "새롭고 신비로운 사랑" 으로 인식한다. 현대인들은 바쁜 일상 속에서, 봄이 왔는지 여름이 왔는지…. 계절이 바뀔 때마다 옷차림은 바꾸면서도 계절의 변화에 별 관심이 없는 듯해 보인다.

분주한 일상 속에서 뭔가를 쫓으며, 쫓기며 살기에 바쁘기 때문일 것이다. 그런데 강 시인의 경우는 학위를 다 마쳤고, 직장에서 은퇴하고, 자녀들 출가까지 다 시킨 상태라고 들었다. 인생의 숙제를 마친 여유 있는 시간과 여유 있는 마음으로 자연을 음미하고, 자연을 느끼며 사색한다.

-전략 -
내 70여 평생을 살아오면서
맞이하는 봄은
늘 새롭기만 하였다

하늘과 산천의 색깔과 빛도
산 아래 양지 잔디밭에 피어난 제비꽃도
호젓한 골짜기에 다소곳이 수줍은 듯
가냘픈 미소로 피어있는 진달래꽃도

그렇게도 사랑하는 사람인데도
볼 때마다 늘 새롭기만 하였다
그래서 더 새롭고 신비스러운 사랑이었지

– <봄의 미학> 일부

강 시인은 70여 평생을 살아오면서 맞이하는 봄이 새롭기만 하다. 하늘과 산천의 색깔과 빛도 제비꽃도 진달래꽃도 그렇게 사랑하는 사람으로 인식이 된다. 볼 때마다 새롭고 신비스러운 사랑이다. 자연물을 사랑의 사람으로 환치시켜서 사랑의 눈으로 보는 자연과의 통합을 이루는 것이다. 우주와 자연, 되돌아갈 곳으로의 절대적 자연으로 자연을 사랑하는 사람, 사랑으로 포옹하고 있다고 하겠다. 이러한 우주관은 〈윤회의 미학〉에서 정점을 이룬다. 삼라만상의 자연 순환을 윤회로 보고 있다. 강 시인의 우주관은 윤회와 순환, 상생相生이다.

윤회輪廻의 미학美學

無常한 우리네 인생
前生과 今生과 來生
佛敎의 인생인가

시냇물은 강으로 바다로
衆生의 백팔번뇌百八煩惱도 시간 따라 세월 따라
바다로 하늘길로

삼라만상의 조각들도 바다에 안기는데
더 흐를 곳 없는 바닷물의 고독은
하늘로 올라 꽃구름 뭉게구름으로 피어나고

정처 없이 바람 타고 떠도는 구름은

언젠가는 비가 되어 메마른 땅 적셔주고
때로는 폭우가 되어 지구를 청소도 하고

지상의 물은 안개 되어
중생을 부드럽게 달래주기도 하며
안개는 향기로운 장미꽃을 빛내주는
감미로운 이슬도 되는
삼라만상 윤회의 미학

– <윤회의 미학> 全文

시냇물은 강으로 바다로, 바다는 하늘길로 순환한다. "더 흐를 곳 없는 바닷물의 고독은/ 하늘로 올라 꽃구름 뭉게구름으로 피어나고" 라고 했다. 망망대해 바닷물이 더 흐를 곳이 없다는 사유, 그래서 고독하다는 사유는 인식의 전환이다. 삼라만상을 다 안아줄 것 같은 바다. 그래서 우리는 바다를 포용력이 넓은 어머니의 품으로 흔히 비유하기도 한다. 그런 바다를 고독하다고 했다. 그래서 수증기가 되어 다시 "하늘로 올라 꽃구름 뭉게구름으로 피어난다" 고 했다.

구름은 엄밀히 말하면, 대기 중의 수증기가 증발했다가 상공에서 응결하여 매우 작은 물방울이나 얼음으로 변한 것들 중, 무리 지어 공기 중에 떠 있는 것이다. 구름은 무게를 이기지 못하면 "언젠가는 비가 되어 메마른 땅을 적셔주고/ 때로는 폭우가 되어 지구를 청소도 하고" 라고 했다. "지상의 물은 안개 되어/ 중생을 부드럽게 달래주기도 하며/ 안개는 향기로운 장미꽃을 빛내주는/ 감미로운 이슬도" 된다고 했다. 지상의 물이 안개가 되어 중생을 부드럽게 달래주고, 장미꽃을 빛내주기도 하고, 감미로운 이슬이 되기도 한다. 물이 안개, 이슬로도 환생한 것이다. 강 시인에게 있어서, 시냇물 – 강물 – 바닷물 – 꽃구름 – 뭉게구름 – 비 – 안개 – 이슬은 모두 물의 다른 이름이며, 물의 윤회다. 윤회란 한 세상의 생을 마감하고 다음 생에서 환생하는 것을 말한다. 위에서 언급한 것들은 윤회라기보다는 순환이라고 보는 것이 더 자연스러울 것 같다. 하지만, 물의 순환을 굳이 〈윤회의 미학〉으로 표현한 데는 강 시인 나름의 주관이 있을 것이다. 시냇물－강물－바닷물까지는 흐름이다. 더 넓은 세상으로의 귀환이다. 그러나 바닷물이 하늘로 올라간 것은 재생이며 승천이다. 바닷물의 속성을 벗어나, 하늘로 승천하여 구름이 되고, 다시 비가 되어 마른 땅과 바다로 환생하는 것이며, 원점 회귀다. 여기서 강 시인은 자연의 순환을 넘어서서, 재생과 회귀의 의미로써의 윤회로 인식한 것이다. 레비스트로스[10]는 "우리 모두 사이좋게 살아요"라고 했다. 모든 자연물이 순환을 통한 자연의 온화한 섭리를 주창하고 있는 시각이다. 이런 면에서 볼 때 〈윤회의 미학〉은 한 차원 성숙한 시라고 하겠다.

나. 무위자연과 생명 존중/ 비판의 시편들

생트 뵈브[11]는 문학 작품을 일컬어 '그 나무의 열매'라고 했다. 문학 작품은 시인 자신의 인생관과 가치관이 시로 형상화하여 열매 맺어진 것이라는 의미이다. 〈낚시의 미학〉의 일부 구절을 읽어 보자.

물고기를 낚을 때가지
思索과 冥想을 즐기고 修養을 쌓고
修道한단다, 得道도 한단다
이보다 더 큰 월척의 수확이 어디 있으랴
자연에서 낚은 물고기는
생명의 물속으로 되살려 주는 姜太公들

10) 레비스트로스 레비스트로스(벨기에 태생의 프랑스 인류학자, 1908년~2003년)는 남아메리카에서의 현지 조사를 마친 후, 친족 이론 사고 체계 신화 분석에 있어서 구조주의를 제창하여 인류학 문학 사상 분야에 큰 영향을 주었다.

11) 19세기 프랑스의 문예 비평가, 시인, 작가, 몽테뉴의 전통을 이은 모럴리스트. 독자적인 역사적 심리적 방법을 가지고 근대 비평을 확립함.

석양을 바라보며 낚시터를 떠나 자기 집으로 돌아온다

- <낚시의 미학> 일부

낚시를 하는 강태공들은 월척을 하기 위해 낚시터에 앉아 떡밥을 찌에 끼우고, 낚싯대를 물에 던져 물고기가 잡히길 기다리고 또 기다린다. "물고기를 낚을 때까지/ 사색과 명상, 수양을 쌓" /으며 "수도하며 득도한" 다고 했다. 고대하던 물고기를 "자연에서 낚" 아도 "생명의 물속으로 되살려 주는 강태공들/석양을 바라보며 낚시터를 떠나" 귀가한다. 이는 곧 생명을 중히 여기는 생명 존중 사상과 맥이 닿아있고, 소유에 집착하지 않는 관조의 철학이라고 하겠다.

이젠 다시 중생의 娑婆에 베풀고 되돌려주는 것은
한 번 더 쾌감의 절정 영혼의 손맛을 즐기고 희열을 만끽하며
自然으로 돌아가는 人生 낚시의 美學

- <낚시의 미학> 일부

즉, "중생의 사바에 베풀고 되돌려주는 것은/... 자연으로 돌아가는 인생, 낚시의 미학" 이라고 했다. 앞서에서 미학에 대한 것을 살펴보았지만, 강 태호 시인이 낚시의 미학에서 말하고 싶은 것은 집착하거나 소유하려 애쓰지 않고, 애써 잡은 물고기를 다시 자연으로 돌려보내 방생放生하는 경지를 보인다. 노자老子의 무위자연 사상과도 맥이 닿는다. 순성의 사유 철학이다. 자연에 거스르지 않고 순응하는 태도를 보인다. 따라서 이 시의 서정적 자아인 상 시인은 관조적인 사유와 순성의 동궤同軌다.

도가의 무위자연無爲自然 사상은 생명을 존중하고 자연과 생명 존중에 대한 가르침을 담고 있다. 만물 속에 내재하여 우주의 도를 실현하게 하는 절대적 존재자로 운행됨을 강조한다. 다시 말해, 인간의 삶을 위해서 그 생명의 일부로 간주되는 자연을 결코 정복이나 파괴의 대상으로 삼지 않는

다. 또한, 시인은 "상품개발 경영개발 부동산투기의 결실" 을 "속세의 치열한 경쟁에서 쟁취한 물고기" 로 보았다. 재미있는 은유다. 강태공들이 월척을 위해서 밤새도록 물가에 쪼그리고 앉아 손맛과 희열을 즐기길 고대하는 것처럼, 현대인들이 속세의 치열한 경쟁에서 물고기를 쟁취한 "쾌락의 신음 소리 짜릿한 손맛을 즐기고 희열을 만끽하" 려는 몸부림으로 보고 있다. 물고기를 얻으려는 강태공들이 얻은 물고기를 다시 물속으로 되살려 주었듯이, 현대인들도 다시 베풀고 자연으로 돌아가는 인생을 꿈꾸는 것은 아닌지? 이 시의 깊은 내면에는 월척을 꿈꾸는 강태공들과 속인俗人을 대조적으로 그려내고 있다. 이 시와 맥을 같이 하는 시 〈동물 사랑의 미학〉도 감상해 보자.

동물 사랑의 미학

立春 지나 눈 내리는 용마 폭포 공원 길
고양이가 종종 나와 어슬렁거리며 노닌다

공원 입구 안쪽 길가엔 동물 보호 단체인지 주기적으로
고양이와 야생동물들에게 지정된 장소에 먹이를 준다

공원 입구 길가에 고양이와 쥐가 서로 마주하면서 태연하게 노닌다
고양이는 야성 본능을 상실하고 쥐는 天敵을 모르는 현상
자연의 생태계가 파괴 · 교란되는 현상

과잉 급식으로 비대해져 뒤뚱거리는 애완견들은
주인에 끌려다니며 다이어트 운동하는 광경
산골 民家 주변 遺棄 犬들이 집단을 이루어 배회徘徊하며
사람을 공격할 위협적인 존재가 되는 현상,
과잉 동물사랑 동물보호 행정의 順機能인가 逆機能인가

– 〈동물 사랑의 미학〉 全文

이 시의 제목에서 얼핏 느껴지는 것은 동물 사랑을 애호하는 시로 느껴진다. 그러나 인간이 고양이나 야생동물에게 먹이를 주는 것, 과잉 급식으로 인해 비대해진 애완견들의 다이어트 운동, 유기견들의 집단 배회로 인한 위협적인 현상에 대해서 비판과 풍자의 시선을 보인다. 과잉 동물 사랑 동물보호 행정의 순기능, 역기능 여부를 묻고 있으니 말이다. 〈낚시의 미학〉과 〈동물 사랑의 미학〉은 똑같이 동물이라는 리좀이 공통점이지만, 두 시의 작시作詩 태도는 판이하게 다르다고 하겠다.

"입춘 지나 눈 내리는 용마 폭포 공원 길" 은 제법 서정적인 공간 배경이다. 용마 폭포 공원 길은 평화롭고 한가로울 것 같은 인상을 준다. 그 공원 입구 안쪽 길가의 풍경을 묘사하고 있다. 야생동물에게 먹이를 주는 광경, 고양이와 쥐가 태연하게 노는 풍경, 애완견들이 다이어트 운동을 하는 광경, 유기견들이 배회하며 사람을 공격하는 듯한 풍경 등을 관찰하면서, 강시인 나름대로 동물 사랑, 동물보호 행정의 순기능과 역기능인가를 묻고 있다. 〈낚시의 미학〉의 시에서도 물고기를 쟁취하려는 속인들의 양태를 "쾌락의 신음, 짜릿한 손맛, 희열을 만끽하" 려는 "우리네 인생" 으로 은근히 비판하고 있다. 같은 동궤다.

다. 관조의 시편들

관조는 주관을 떠나 고요한 마음으로 사물이나 현상을 관찰하는 것을 말한다. 관조적 태도는 자연에 대해 억지로 거스르지 않고 가만히 지켜본다는 의미다.

묘지의 미학 The Esthetics of Pubic Cemetery

억조창생의 生과 死

삼라만상의 자연은 시간의 軌跡
우리네 人生도 그중 일부분일 따름이다
出生은 祝福이요 기쁨이다
死는 슬픔과 悲劇이요 虛無이다
生과 死도 자연의 한 부분이요 한 조각
무궁한 시간 속에서는 閃光의 한순간일 뿐
죽음도 웃음으로 보내는
시간과 자연을 達觀하고 超越한 '루마니아 人' 들

-<묘지의 미학 The Esthetics of Pubic Cemetery> 全文

〈묘지의 미학〉에서 강 시인은 생과 사를 관조하고 있다. "억조창생의 生과 死/ 삼라만상의 자연은 시간의 軌跡// 우리네 人生도 그중 일부분일 따름이다" 라고 했다. 삼라만상의 자연은 시간의 궤적이며 우리 인생도 그중 일부라고 보는 것이 강 시인의 우주관이다. "出生은 祝福이요 기쁨이다/ 死는 슬픔과 悲劇이요 虛無이다" 고 보며 출생과 죽음을 대조적으로 표현했지만, '루마니아 人' 들은 "죽음도 웃음으로 보내는/ 시간과 자연을 達觀하고 超越" 했다고 보았다. 루마니아인들의 시선을 빌려, 죽음도 웃음으로 보내며 달관하고 초월하는 관조의 눈으로 인생을 고요하게 조명하고 있다. 누구나 주변인들의 사망 소식을 듣거나, 소중한 이와 사별하는 아픔을 겪어 보았을 것이다. 주변인의 죽음은 그 자체로 슬프고 황망하다. 그 사람과의 추억을 공유한 시간이 많고, 정이 깊을수록 아픔의 깊이도 깊을 것이다. 황망한 일 앞에 억장이 무너지는 슬픔으로 식음을 전폐하며 잠을 이루지도 못할 것이다. 상실과 결핍의 아픔이 생에 대한 의욕을 상실시키고, 무기력한 상태에 빠뜨리기도 한다. 그러나 강 시인은 이러한 고통을 슬픔이나 비극이나 허무로 절망하지 않는다. 그것을 자연의 한 부분이요 한 조각으로 보았다. 자연과의 합일과 통합으로 보는 절대적 이상인 것이다. 이것은 독일의 실존철학자인 하이데거의 '존재론' 을 생각하게 한다.

존재는 시간과 공간 안에 "있음"이다. 피투된 존재로서 세상에 던져졌던 인간은 본인의 자유 의지나 본인의 열망대도 공간과 시간의 영원성을 갖지 못한다. 탄생과 소멸을 겪어야 한는 유한자인 것이다. 이런 인간의 유한성을 확인하는 곳이 누군가의 묘지일 것이다. 그러나 강 시인은 생의 마침표, 종결점으로써 묘지를 인식하지 않고 자연과의 통합을 이룬다. 묘지 속에서 한 줌 흙으로 돌아간 허무로 절망하지 않는다. 죽음에 대한 초월, 인식의 전환이다. 이러한 그의 생사에 관조는 황금색 불상의 관조로 이어진다.

관조觀照의 미학 The Esthetics of Contemplation

깊고 깊은 심산유곡深山幽谷
고요한 침묵의 호수 위에

짧은 검은 머리 붉은 입술 황금색 불상
미소도 없는 무표정의 침묵 거대한 황금색 불상

중생들의 우상은 고요의 침묵으로
좌우와 전 · 후면의 산과 호수를 바라보며
중생들의 娑婆를 바라보는 관조

생명도 정서도 서정도 情操도 있는가, 없는가
검은 두상 붉은 입술의 황금색 불상

깊은 산골 호수의 한가운데서 침묵의 고요와 적막으로 靜坐하여
지구의 속세와 우주의 사바를, 중생 인간의 영혼의 사바를
佛像의 영혼으로 그리움과 동경으로 바라보는 관조

- <관조觀照의 미학 The Esthetics of Contemplation> 全文

"심산유곡深山幽谷/ 고요한 침묵의 호수 위에" 서 강 시인은 불상을 보게 된다.

그 불상은 "짧은 검은 머리 붉은 입술 황금색 불상" 짧은 머리를 하고 있으며 입술이 붉다. 몸체는 황금색이다. 무표정한 얼굴로 침묵 속에서 산, 호수, 중생들의 사바를 관조하고 있다. 생명도 정서도 서정도 정조가 있는지 없는지, 고요하게 적막 속에서 정좌한 채 속세를 바라본다. 그런데 정서도 서정도 정조도 없는 불상은 그리움과 동경으로 사바세계를 바라본다. 불상이 무엇을 그리워하고 무엇을 동경하는지는 알 길이 없다. 단지 보리수 밑에서 깨달음을 얻은 부처님의 영혼이 자비의 마음으로 중생들을 불쌍히 여기며, 많은 중생이 해탈하길 염원하며 동경한다는 의미이리라. 신은 침묵한다. 굳게 다문 불상의 붉은 입술은 말이 없지만, 고요와 적막 속에서 모든 걸 말하고 있을 것이다. 집착을 내려놓고 움켜쥐려 하지 말라고, 〈묘지의 미학〉에서 강 시인이 생사를 관조한 것처럼, 생사는 모두 자연의 일부이니, 물 흐르는 대로 자연 속으로 돌아가는 것이라고, 그래서 죽음조차 웃음으로 보내는 루마니아인들처럼 세속의 모든 일에 집착하기 말고 번뇌를 내려놓고 "평안하라" 고.

〈길〉이라는 시에서도 삶에 대한 관조와 함께 인생에 대한 사유를 읽을 수 있다.

- 전략 -

인간의 욕망은 무한하고 끝이 없는 것
이것이 인간의 屬性인가 인간의 正體Identity인가

여기까지 내가 걸어온 길
아쉬움과 후회가 없으랴 만은 그래도 선명한 길

가보지 않아서 가보고 싶은 길

생명이 있는 한 가야 할 길도 있다
내가 걸어온 길 내 인생이 살아오고 살아가는 길
내 마음이 가는 길 내 영혼이 가고 싶은 길
인간은 자연에서 태어나서 자연으로 돌아오듯이
출발은 심장의 動脈으로, 歸依는 심장의 靜脈으로

시작과 끝 속의 인생은
시작도 끝도 없는 길 위의 존재

- <길> 일부

위의 시는 〈묘지의 미학〉에서 보인 것과 같이, 인간의 생사를 자연의 일부로 보고 있다. "인간은 자연에서 태어나서 자연으로 돌아오듯이"가 그것이다.

"시작과 끝 속의 인생은/ 시작도 끝도 없는 길 위의 존재"라고 했다. 가보지 않아서 가보고 싶은 길/ 생명이 있는 한 가야 할 길도 있다// 내가 걸어온 길 내 인생이 살아오고 살아가는 길/ 내 마음이 가는 길 내 영혼이 가고 싶은 길" 강 시인에게 있어서 생명이 있는 한 가야 할 길은 어떤 길일까? 마음이 가는 길 영혼이 가는 길은 어떤 길일까? 아마도 강 시인은 마음과 영혼으로 시인의 길을 가고 싶은 것임이 틀림없다. 〈나의 그림자 야무진 꿈〉에서 보이는 것처럼, 강 시인에게 있어서 시는 강 시인과 함께하고 있는 그림자다. 끝으로 이 시를 소개하면서 시집의 해설을 마무리하고자 한다.

나의 그림자 야무진 꿈

언제나 나와 함께하고 있는
나의 그림자

내가 살아있고 빛이 있어 움직이면
나와 함께하는 나의 동반자
내가 없는 그곳에는
나의 유작 나의 시집은
나의 그림자로 나의 흔적으로 남아 있겠지!
야무진 꿈

나 어릴 적 고향 마을 좌우 앞뒤 마을
기와집 한 채 없는 草家 마을 순박한 농민들의 꿈
밤이면 잠결에 꿈결에 기와집 몇 채 지었다 헐었다
이상과 낭만의 야무진 꿈

-<나의 그림자 야무진 꿈> 全文

위의 시에서 보이는 것처럼, 강 시인에게 있어서 시는 강 시인의 동반자이다.

순박한 농민들은 "밤이면 잠결에 꿈결에 기와집 몇 채 지었다 헐었다/ 이상과 낭만의 야무진 꿈"을 꾸는 것처럼, 강 태호 시인은 시인으로서 좋은 시를 쓰고 시집을 남기고 싶은 야무진 꿈을 갖고 있다. "내가 살아있고 빛이 있어 움직이면/ 나와 함께하는 나의 동반자/ 내가 없는 그곳에는//나의 유작 나의 시집은/ 나의 그림자로 나의 흔적으로 남아 있겠지!" 라고 했다. 살아있어 빛을 보면, 강 시인과 함께 하는 것이 시이고, 세상에서 존재가 없는 곳에서는 남긴 유작(遺作)이 자신의 흔적으로 남는다고 했다.

중국 남북조 시대 양나라의 문학자였던 유협은 「문심조룡」[12] 에서 "인간이 할 수 있는 일 중에 가장 가치 있는 일이 저서를 남기는 일" 이라고 했다. 유협의 주장을 강 시인은 이미 자신의 신념으로 굳힌 것으로 보인다. 좋은 시와 시집을 남기고 싶은 것이 강 시인이 말한 "생명이 있는 한 가야

12) 중국 6조 시대(499~501년 추정) 유협의 문학 평론서

할 길이며 마음이 가는 길이며, 영혼이 가고 싶은 길" 인 것이다. 끝으로 이 시집의 제목인 〈미소짓는 흉상〉을 소개하고 시집의 해설을 마무리하고자 한다.

미소 짓는 흉상胸像
The Smiling Sculpture Bust

바다와 같은 온 세상에
떠 있는 흉상

물속에 잠긴 육신은
이리저리 둘러보면 대충 알 수 있으나

물 위에 드러나 있는
흉상의 머릿속과 가슴속 그리고 얼굴은

이리저리 둘러보고 살펴보고
곰곰이 생각하고 상상해도 알 수 없어 헤매는데

얼굴은 회심의 미소 짓는
신비스러운 인간의 흉상胸像

그토록 알고 싶은 당신의 진실은
알 수 없는 사람의 속내
다중적多重的 · 다면적多面的 은유성隱喩性의 현대인,
인간 내면의 심오深奧한 심미성深美性의 한계는

위의 시는 시집의 제목으로 선택될 정도로. 복합적이고 통합적인 메시지를 주고 있는 좋은 시다. 인간의 다양한 집단 무의식의 원형과 이미지가 잘 녹아있기 때문이다.

스위스의 정신분석학자인 칼 융(Carl Gustav Jung)은 분석 심리학에서 그림자와 페르소나Persona의 통합, 자아와 자기의 통합, 대척점을 이루는 모든 집단 무의식의 원형들은 균형을 이루어야 하며 자기를 중심으로 원형들을 통합할 때 진정한 자기실현이 가능하다고 강조했다. 인간은 인류 역사를 통해 습득된 무의식을 갖고 있는데, 융은 이것을 집단 무의식이라고 했다. 이 집단 무의식에 다양한 원형이 존재한다. 그중에 우리가 흔히 알고 있는 자아와 의식, 정신, 콤플렉스, 리비도, 페르소나(persona), 그림자(shadow) 등의 원형들이 〈미소 짓는 흉상〉 시에 잘 드러나 있기에 이 시가 주목을 받는 것이다.

강 시인은 "물속에 잠긴 육신은/ 이리저리 둘러보면 대충 알 수 있" 으나, "물 위에 드러나 있는/ 흉상의 머릿속과 가슴속 그리고 얼굴은// 이리저리 둘러보고 살펴보고/ 곰곰이 생각하고 상상해도 알 수 없" 다고 했다. 이는 곧 "다중적多重 的 · 다면적多面的 은유성隱喩性의 현대인" 으로 연결된다. 인간은 다중적이고 다면적이다. 특히 공업화와 산업화로 컴퓨터가 발달하고 인터넷으로 세계가 다중 채널이 얽힌 현대 사회의 인간형은 다면적이고 다중적일 수 밖에 없다. 평면적인 수렵의 원시 시대, 농업의 정착 시대를 지나 공업화 산업화로 4차 산업혁명 시대로 접어들면서 세상은 복잡해졌다. 복잡한 다면체 세상에 맞춰 살아내는 현대인들의 생활도 의식도 다면체가 되었다. 이를 강 시인은 "다중적多重 的 · 다면적多面的" 이라고 지적했다. 다중적이고 다면적이라는 것은, 현대인들이 사회적인 체면 때문에 페르소나(persona) 즉 가면을 여러 겹 쓰고 산다는 것이다. 불교에서 말하는 "거짓 나" 인 것이다. 내면에서 진정으로 원하는 것, 즉 그림자(shadow)인 "참나" 솔직한 "진아(眞我)" 를 숨기고 사는 것이다. 이것을 강 시인은 "인간 내면의 심오深奧한 심미성審美性의 한계" 라고 직파하고 있다. 인간은 속마음은 슬플지도 모르지만, 은은하게 "회심의 미소" 를 짓고 있는 "미소 짓는 흉상" 의 시가 탄생되었다. 다시 말해서, 현대인들은 " 참나" 를 숨기고, "물 위에 드러나 있는/ 흉상의 머릿속과 가슴속 그리고 얼굴은// 이리저리 둘러보고 살펴보고/ 곰곰이 생각하고 상상해도 알 수 없" 는 것처럼, 페르소나(가면) 속에 속마음을 숨기며 회심의 미소만 짓고 있을지도 모른다. 칼 융은 페르소나(persona)와 그림자(shadow)가 통합을 이뤄야만 진정한 자기실현이 가능하다고 했다. 인간은 "참나" 에 충실할 때 진정으로 행복해지지 않을까? 그러나 도덕, 윤리, 종교, 법 등의 규제는 인간에게 페르소나(persona)를 강요한다. 때로는 페르소나(persona)의 장치 속에 인간은 자신의 본마음을 숨기는 것이다.

그래서 문학으로 음악으로 미술로 예술혼을 태우면서, 억압된 자아, 즉 콤플렉스를 예술로 승화시키는 예술인들도 존재하는 것이다. 현실 세상에서 억압된 자아가 예술 장치를 통해 자유롭게 상상력 속에서 분출되어, 정서를 순화시키는 작용, 즉 카타르시스가 이뤄지기도 한다. 독일의 괴테가 〈젊은 베르테르의 슬픔〉을 써서 자신의 비극적인 아픈 사랑의 슬픔을 극복한다. 이성과 합리성 못지않게 인간 본연의 감정의 소중함을 어필한 소설이다. 약혼자가 있는 로테를 사랑한 베르테르는 소설이라는 예술 장치를 통해, 자신의 슬픔을 극복할 수 있었다.

강 태호 시인의 시 〈미소 짓는 흉상胸像〉은 현대인은 다면적이고 다중적인 페르소나(假面)적인 은유성도 있지만 인간내면의 본성은 僞가 아닌 眞, 惡이 아닌 善, 醜가 아닌 美, 등의 인간의 聖善의 無限性을 인간내면의 深奧한 深美性의 한계로 표현하고 있는 것이라 하겠다.

또한 會心의 미소 속에 "울고 있는 자아-현대인들의 억압된 자아" 로도 표현한 작품이라고도 하겠다.

시를 창작함으로써, 승화되고 순화되는 평강이 찾아온다면 시는 곧 치유인 것이다.

3. 나가는 글

지금까지 강 태호 시인의 두 번째 시집, 〈미소짓는 흉상〉에 실려있는 55편의 시편들을 감상하면서 가. 미학의 시편들, 나. 무위자연과 생명 존중/비판의 시편들, 다. 관조의 시편들이라는 세 가지 관점에서 감상의 시선으로 살펴보았다. 해설에서 다루지 않은 〈선풍기〉〈용마산 정상〉, 〈용마산 등산길〉, 〈원의 미학〉, 〈미적분 미학〉, 〈운현궁 돌담길〉1, 2도 서정이 넘치고, 시의 시선이 재미있는 시들이다. 해설에서 선택하여 다룬 시편들은 이 시집의 중심에 서 있는 시편들이다.

대부분의 시들이 미학을 다루고 있어서 미학에 대한 시편들은 1) 동백꽃, 해당화, 장미꽃, 무궁화에 대한 미학을 해설했다. 네 가지 꽃들에 대한 다양한 시선의 미학을 살펴보았다. 2) 바람, 봄, 윤회의 미학에 대해서도 살펴보았다. 특히 〈바람의 미학〉은 쉬운 듯하면서도 사유가 깊은 수작秀作이다.

〈낚시의 미학〉에서는 인간이 쟁취한 물고기를 다시 자연 속으로 놓아주는 생명 존중 사상과 더불어 생명 존중과 자연으로 돌아가는 자연과의 통합의 사유를 살펴보았다. 〈동물사와의 미학〉에서는 동물 사랑의 지나침을 비판하는 관점을 살펴보았다. 〈묘지의 미학〉, 〈길〉, 〈관조의 미학〉, 〈나의 야무진 꿈〉에서는 생사를 초월하여 생사도 자연의 일부라는 강 시인의 관조 태도를 보았다. 더 나아가 무위자연과 자연으로의 순성順性의 사유도 읽을 수 있었다. 〈길〉과 〈야무진 꿈〉에서는 강 태호 시인의 '시인의 길' 을 가고자 하는 순수한 시인됨의 열망을 읽을 수 있었다.

강 태호 시인의 시인으로서의 행보에 응원과 박수를 보내며, 강 시인의 꿈이 이루어지길 응원하며 이 글을 맺는다.

평설/ 姜笑耳

서울 출생, 본명 : 姜美京
이화여자대학교 국어국문학과 졸업
이화여자대학교 교육대학원 국어교육 전공
월간 〈시문학〉으로 시, 〈서울문학〉으로 수필 등단
한국시문학문인회 이사, (사)현대시인협회 회원,
국제펜클럽 한국본부 국제협력위원,
수상 : 제1회 시민이 드리는 호국특별상 수상(시 부문)
제10회 한국현대시인협회 작품상 수상(시 부문)
제16회 풀잎문학상 大賞 수상(수필 부문)
제44회 사상과 문학 大賞 수상(수필 부문)
제12회 국민일보 신앙시 우수상 수상(시 부문)
시집 : 『별의 계단』, 『철모와 꽃양산』, 『새를 낳는 사람들』,
『행복한 파종』 산문집 : 『유적지, 그 백 년의 이야기』,
『독립운동가 숨을 만나다 』 1, 2, 3

강태호 시집 2

미소짓는 흉상胸像

2023년 3월 10일 초판 인쇄
2023년 3월 15일 초판 발행

저 자 | 강 태 호
발행인 | 이 승 한
편집인 | 임 선 실
주 간 | 강 소 이
발행처 | 도서출판 엠-애드
등 록 | 제 2-2554
주 소 | 서울시 중구 충무로4가 36-7
전 화 | 02) 2278-8063/4
팩 스 | 02) 2275-8064
이메일 | madd1@hanmail.net

ISBN 978-89-6575-168-7
값 20,000원